人邮电商教育
E-Commerce

职业院校电子商务类"十

U0680573

营销策划

郭凤兰 郝骞 ◎主编　张丽 杨志伟 张红霞 ◎副主编

人民邮电出版社

北京

图书在版编目（CIP）数据

营销策划 / 郭凤兰，郝骞主编. -- 北京：人民邮
电出版社，2019.1（2021.8重印）
职业院校电子商务类"十三五"新形态规划教材
ISBN 978-7-115-49646-1

Ⅰ. ①营… Ⅱ. ①郭… ②郝… Ⅲ. ①营销策划－职
业教育－教材 Ⅳ. ①F713.50

中国版本图书馆CIP数据核字(2018)第239253号

内 容 提 要

本书根据企业营销策划工作中常见的工作内容，以项目为依托、以案例为载体、以学生营销策划职业能力培养为重点，构建了 6 个学习项目：营销策划准备、营销调研策划、营销战略策划、产品品牌策划、产品促销策划、营销创新策划。每个项目根据工作流程设置了若干任务，全书共设置17 个任务。本书案例丰富，配套资源丰富。通过本书的学习，学生能够掌握营销策划所需的理论知识和实践知识，具备相关的职业技能，并养成良好的职业素养。

本书可作为普通高等院校（高职高专、应用型本科）、成人高校、民办高校经济管理类专业的教学用书，也可作为社会从业人士的参考读物。

◆ 主　　编　郭凤兰　郝　骞
　　副 主 编　张　丽　杨志伟　张红霞
　　责任编辑　朱海昀
　　责任印制　马振武

◆ 人民邮电出版社出版发行　北京市丰台区成寿寺路 11 号
　　邮编　100164　电子邮件　315@ptpress.com.cn
　　网址　http://www.ptpress.com.cn
　　涿州市京南印刷厂印刷

◆ 开本：787×1092　1/16
　　印张：9.5　　　　　　　　2019 年 1 月第 1 版
　　字数：166 千字　　　　　2021 年 8 月河北第 5 次印刷

定价：32.00 元

读者服务热线：(010)81055256　印装质量热线：(010)81055316
反盗版热线：(010)81055315
广告经营许可证：京东市监广登字 20170147 号

前言

  "营销策划"是高职院校市场营销专业的一门专业核心课程，其课程目标是使学生具备从事市场营销相关职业岗位所必需的营销策划理论知识，形成营销策划的思维，掌握营销策划的方法，并能够撰写营销策划方案。

  市场营销实践的发展对营销策划人才提出了更高的要求，知识全面、反应敏捷、实战丰富的营销策划人才受到了越来越多企业的青睐。是否拥有兼具现代营销理论与实际操作技能的营销人才，已经成为企业与国内外竞争对手一决高下的关键所在。

  基于上述背景，作者在潜心研究营销策划理论的基础上，总结多年来的教学心得，并且根据《教育部关于加强高职高专教育教材建设的若干意见》和《高职高专教育市场营销专业人才培养目标及基本规格》的精神，重新梳理了"营销策划"课程内容体系。全书围绕营销策划岗位的工作内容，设置了6个工作项目（营销策划准备、营销调研策划、营销战略策划、产品品牌策划、产品促销策划、营销创新策划）。每个学习项目都以完成工作任务为导向，有机地组织相关知识及技能的学习。

  本书有以下两个编写特色。

  1. 在内容上，以工作任务为引领，以职业能力为导向

  本书按照营销策划活动的要求和实际工作过程，设计工作项目和典型工作任务，并将完成任务所需的理论知识贯穿其中，让学生在真实的任务中体会并掌握营销策划理论，在理论的指导下更好地完成任务。本书以工作任务为起点，以实践知识为焦点，以理论知识为背景，以拓展性知识为延伸，将营销策划知识的学习与技能的培养置于实际工作情境中。

  2. 在形式上，以学生自主学习为中心

  本书每个项目开篇都设置了项目导入、项目分析，使学生一开始就知道其岗位职责和任务是什么；每个典型工作任务有任务描述、相关知识、任务实施，同时还设置了小案例、实时互动、营销视野等小栏目，以调动学生学习的主动性。

  与此同时，本书结合市场营销领域的各种创新活动，增加了新媒体营销策划、体验营销策划等营销创新策划的内容，具有一定的前沿性与新颖性。

  为了达到比较好的教学效果，建议使用本书的教师在实际教学中将总课时设置为54课时。各项目的具体参考课时如下表所示。

参考课时表

项目序号	教学项目	参考课时
1	营销策划准备	6
2	营销调研策划	8
3	营销战略策划	8
4	产品品牌策划	12
5	产品促销策划	12
6	营销创新策划	8
总计		54

本书配有 PPT 课件、教案、习题答案等教学资源，选书的教师可以登录人邮教育社区（www.ryjiaoyu.com）获取。此外，书中的重点内容配备了相应的视频指导，读者可以扫描本页下方的二维码直接登录"微课云课堂"（www.ryweike.com）—用手机号注册—在用户中心输入本书激活码（be6497e5），将本书包含的微课资源添加到个人账户，获取在线观看本课程微课视频的权限。

本书由河北工业职业技术学院的郭凤兰、郝骞担任主编，张丽、杨志伟、张红霞担任副主编，参与编写的还有刘靖华、张纬卿、秦博等。尽管我们在探索项目化教材建设方面做了许多努力，但由于编者水平有限，书中难免存在不当之处，恳请相关院校在使用本书的过程中给予关注，并将改进意见及时反馈给我们，以便在我们下一次修订时完善。

编者

2018 年 8 月

二维码扫一扫

看微课视频

目 录

项目一
营销策划准备

项目导入

王创和张丽是河北某高职院校市场营销专业的学生，他们志同道合，给自己制订的职业目标是成为成功的营销策划人，为此他们成立了营销策划团队，立志在 3 年里利用各种机会学习营销策划知识。但万事开头难，他们对策划工作中相关的公司运作、团队合作及社会对营销策划人才的要求知之甚少，因此，他们总是在思索该从哪些方面入手加强自己的职业技能，以及该做好哪些营销策划的准备工作。

项目分析

带着王创和张丽的种种疑惑，我们将进入本项目的学习与训练。本项目主要介绍了营销策划的基本概念、基本原理，营销策划人员所必备的知识、能力和素质要求，以及营销策划岗位工作需求及工作特点。上述是开展营销策划工作的前提和基础。

学习目标

知识目标

1. 认识营销策划岗位。

2. 熟悉营销策划的工作流程。

3. 掌握营销策划人才的素质要求与能力要求。

技能目标

1. 能进行营销策划个案分析。

2. 能创设营销策划组织。

3. 能设计营销策划书。

学习内容思维导图如图 1-1 所示。

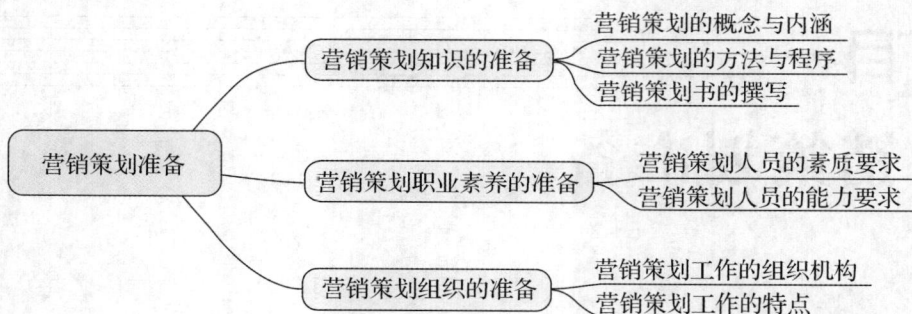

图 1-1　营销策划准备学习内容思维导图

任务一　营销策划知识的准备

任务描述

营销策划是一种富有创意的智慧行为，营销策划的成功和出彩既取决于好的理念、创意，又取决于操作行为的规范、科学。完备的企业组织、高素质的策划人、规范的操作程序是完成营销策划工作的基本要素。通过完成本任务，学生能初步掌握营销策划的程序、步骤、方法，明确营销策划书的基本格式和内容。

相关知识

一、营销策划的概念与内涵

1. 策划与营销策划

"策划"一词在当今社会的各种场合与媒体中已被广泛运用，该词在《辞海》中的解释为计划、打算；在《现代汉语词典》中的解释为筹划、谋划。

策划是一种非常复杂的活动，它不同于一般的建议，也不是单纯的"点子"。策划作为一种程序，在本质上是一种运用知识和智慧的理性行为。策划就是找出事物的主、客观条件和因果关系，选择或制订出可采用的对策，作为当前决策的依据。策划是事先决定做什么、如何做、何时做、由谁来做的系统方案。策划具体包括以下 4 层含义。

（1）策划是在现实所能提供的条件的基础上对要进行的活动所做的谋划。

（2）策划必须以实现活动的特定目标为中心进行精心谋划。

（3）策划的核心是对活动内容及过程进行构思、设计中的创意。

（4）策划是在比较与选择行动方案的过程中确定的。

营销策划，是市场营销策划人员根据企业现有的资源状况，在充分调查、分析市场营销环境的基础上，激发创意，制订出有目标并能保证实现的一套策略规划。它包括市场营销目标、市场机会分析、市场营销定位、营销战略及策略、营销评估等内容。营销策划的关键点包括以下 4 个方面。

（1）营销策划是营销管理的核心。

（2）营销策划是解决营销过程中某一问题的创意思维。

（3）营销策划是从营销方案的构思、实施到评价的规范程序和科学方法。

（4）营销策划完成的是导演的功能，其主要工作是利用各种方法制造轰动效应，取得受众的支持和欢迎。

成功的营销策划并不是靠拍脑袋得出来的，也不是一种巧合，而是某些客观规律的体现。市场营销学是营销策划的基础原理，它决定了营销策划的思路。创意设计是营销策划的重要环节，从一定程度上讲，创意设计是否新颖合理，是营销策划能否取得成功的关键。在营销策划过程中，创意只是提出一种思路和想法，还需要将它转化为具体的营销方案，撰写科学可行的营销策划书，这是营销策划的一项中心工作。

2. 营销策划与创意

营销策划是一种创新行为，要创新，就要把创意贯穿于营销策划的过程之中。创意成功与否是营销策划成功与否的关键，从某种意义上说，创意是营销策划的灵魂。

创意包含两层意思：一是作为名词，即有创造性的想法、构思等，如颇具创意；二是作为动词，即提出有创造性的想法、构思等，如利用创造性思维和头脑风暴法可以产生创意。

创意既是思维创新，也是行为创新。创意本质上应该是丰富多彩、灵活多变、不受拘束的，它不应该墨守成规和固定于某种模式。创意的 4 个基本步骤如图 1-2 所示。

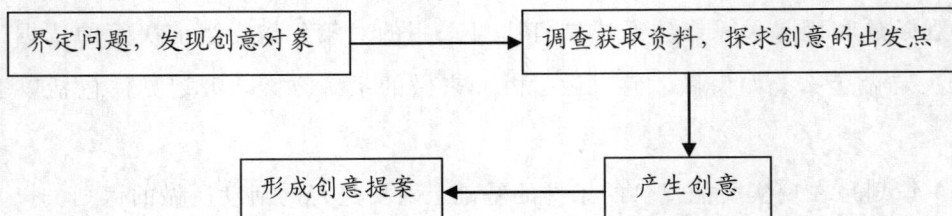

图 1-2　创意的 4 个基本步骤

实时互动

（1）请用自己的语言给营销策划下个定义。

（2）你认为营销策划最大的魅力是什么？

营销故事

爱溜冰的"耳套大王"

　　年仅 15 岁的格林伍德第一次学溜冰时，觉得耳朵被寒风刮得像刀割似的，冻得十分难受。于是，他找来一顶"两片瓦"式的皮帽戴上，耳朵不再被风刮得痛了。但是，由于头和脸也被皮帽捂得紧紧的，不一会儿，他就热得满头是汗。格林伍德想，如果能做一副专门捂耳朵的套子，溜冰时戴上它，也许会好得多。经过一番琢磨，他设计出了一副耳套，回家请妈妈照他设计的样子做出了一副棉织耳套。格林伍德戴着它去溜冰，果然既护耳朵又散热。他向美国专利局申请了名叫"绿林好汉耳套"的专利，这项专利使格林伍德成为世界上的"耳套大王"。

　　点评：每位营销大王成功的背后都有一则看似平凡的故事。然而，这"平凡"的背后，却是他有别于凡人的用心和执着。

二、营销策划的方法与程序

　　1. 营销策划的方法

　　市场营销策划的方法决定了市场营销策划的具体行动方案。不同的方法各自有不同的特点，关键是如何对现有的人力、物力、财力进行科学的综合运用。市场营销策划的方法主要包括以下 4 种。

　　（1）点子。从现代营销的角度来说，点子是指具有丰富市场经验的营销策划人员经过深思熟虑，为营销方案的具体实施所想出的主意与方法。一个点子往往展现了整个营销策划的精华。

小案例

日本三洋电机公司的新产品双门冰箱，就来自于公司技术员大川进一郎与太太的一句闲聊。一天，大川问太太："你每天使用冰箱，感觉到有不方便的地方吗？"太太说："现在的冰箱都是单门的，从冷冻室里取冰块时，把冰箱门一打开，冰箱里的冷气就外流，觉得很可惜。"大川抓住这一点，很快想出双门冰箱的点子并开发上市，新产品一下子风靡全球。

（2）运筹。战国时期有一个著名的"田忌赛马"的故事：齐国大将军田忌经常与齐王赛马，但每次比赛都输。因为齐王的一等马比田忌的一等马强，齐王的二等马比田忌的二等马强，齐王的三等马也比田忌的三等马强，一对一，每次都是齐王赢、田忌输。孙膑闻知后献上了一个计策，让田忌的三等马对齐王的一等马，让田忌的一等马对齐王的二等马，让田忌的二等马对齐王的三等马。结果，田忌先输第一场，却赢了后两场，终于以 2∶1 的比分反败为胜。齐王于是拜孙膑为军师。

"田忌赛马"是典型的运用运筹学的具体实例。出马是点子，组阵是谋略，概率与组合是战略方法。以少胜多、以弱胜强，是运筹学发挥的效果。

（3）创意。创意是指在市场调研前提下，以市场策略为依据，经过独特的心智训练后，有意识地运用新的方法组合旧的要素的过程。创意是营销策划的核心和精髓，许多营销策划的成功往往来源于一个绝妙而又普通的创意。在北京长安街上曾竖立过这样一个广告牌：在蓝天下奔驰着一列火车，这列火车是由一些罐装可口可乐组成的。这则广告创意在于其巧妙地将可口可乐与火车联想，进行大胆创意，从而产生了意想不到的广告效果。

（4）谋略。谋略是关于某件事物、事情的决策和领导实施方案。谋略的中心是一个"术"字，战术、权术、手段和方法在谋略中发挥着核心作用。起初，谋略在战争中被广泛运用，成为古代兵法中的重要内容。在现代，谋略则含有组织、管理、规划、运筹、目标、行为等多方面的内容，既有全局性和根本性，又有艺术性和方向性。

小案例

雷诺公司本是一家小公司，公司决定从阿根廷引进一种新型圆珠笔到美国，但另外两家大公司捷足先登，并购买了专利。雷诺公司于是让工程师设计了一种新型的利用地球引力自动输送墨水的圆珠笔，然后进行大力推销。由于无钱扩大宣传，雷诺公司想出一计，毫无根据地到法院去起诉这两家大公司，说它们违反了反托拉斯法，阻碍了雷诺公司的生产和销售，要求它们赔偿 100 万美元，引发了这两家大公司的反控告，更引起了传媒的大肆宣传，雷诺公司因此一举成名。谋略的调控使点子有了目标，使营销策划有了目的，也给企业带来了意想不到的营销效果。

2. 营销策划的程序

市场营销策划如同酿酒，是一个科学的运作过程。一般来说，市场营销策划的流程包括以下 8 个步骤，如图 1-3 所示。

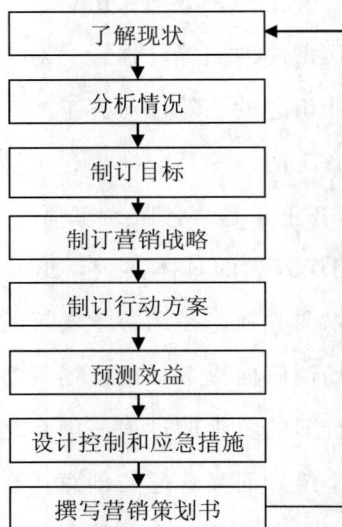

```
┌──────────────────┐
│     了解现状      │◄──┐
└──────────────────┘   │
┌──────────────────┐   │
│     分析情况      │   │
└──────────────────┘   │
┌──────────────────┐   │
│     制订目标      │   │
└──────────────────┘   │
┌──────────────────┐   │
│   制订营销战略    │   │
└──────────────────┘   │
┌──────────────────┐   │
│   制订行动方案    │   │
└──────────────────┘   │
┌──────────────────┐   │
│     预测效益      │   │
└──────────────────┘   │
┌──────────────────┐   │
│  设计控制和应急措施 │   │
└──────────────────┘   │
┌──────────────────┐   │
│   撰写营销策划书   │───┘
└──────────────────┘
```

图 1-3　营销策划的流程

（1）了解现状。营销人员不仅要深入调查市场情况和消费者需求，还要了解市场上的竞争产品及经销商的情况。这是整个营销策划的基础。只有充分掌握了企业和产品的情况，才能为后面的策划打下基础。

（2）分析情况。一个好的营销策划必须对市场、竞争对手、行业动态有一个较为客观的分析，主要包括 3 个方面的内容：机会与风险的分析、优势与劣势的分析、结果总结。通过对整个市场综合情况的全盘考虑和各种分析，为制订合适的营销目标、营销战略和措施等打好基础。分析情况是一次去粗取精、去伪存真的过程，是营销策划的前奏。

（3）制订目标。能否制订一个切合实际的目标是营销策划的关键。有的营销策划方案过于浮夸，脱离实际，制订的目标过高，因此实际结果与预想的结果相差千里；而有的营销策划则显得过于保守，同样也会影响营销组合效力的发挥。

（4）制订营销战略。营销人员必须围绕已制订的目标进行统筹安排，结合自身特点制订可行的市场营销战略。营销战略包括目标市场战略、营销组合策略和营销预算。

（5）制订行动方案。营销活动的开展从时间上到协调上需要制订一个统筹兼顾的方案，要求选择合适的产品上市时间，同时要有各种促销活动的协调和照应。而各个促销活动在时间和空间上也要做到相互搭配、错落有致。

（6）预测效益。营销人员要编制一个类似损益报告的辅助预算，在预算书的收入栏中列出预计的单位销售数量及平均净价；在支出栏中列出划分成细目的生产成本、储运成本及市场营销费用。收入与支出的差额就是预计的盈利。经企业领导审查同意之后，它就成为有关部门和有关环节对采购、生产、人力及市场营销工作的安排依据。

（7）设计控制和应急措施。设计控制和应急措施的目的是事先充分考虑到可能出现的各种困难，防患于未然。控制和应急措施可以扼要地列举出最有可能发生的某些不利情况，并指出有关部门、人员应当采取的对策。

（8）撰写营销策划书。这是企业营销策划的最后一个步骤。营销策划书是营销策划方案的书面表达形式，也叫企划案，其主体部分包括现状或背景介绍、分析、目标、战略、战术或行动方案、效益预测、控制和应急措施，各部分的内容可因具体要求不同而详细程度不一。

实时互动

1. 如何理解典型的营销策划工作流程？

2. 营销策划工作的特点有哪些？为什么说创意是营销策划的灵魂？

三、营销策划书的撰写

1. 营销策划书的基本结构

策划书没有一成不变的格式，它依据产品或营销活动的不同要求，在策划的内容与编制格式上也有所变化。但是，从市场营销策划活动的一般规律来看，其中有些要素是共通的。营销策划书的基本结构如表 1-1 所示。

表 1-1 营销策划书的基本结构

策划书的结构		要点
封面		展现整体形象
前言		交代前景
目录		需要一目了然
概要		提供思路与要点
正文	市场状况分析	写明依据和基础
	SWOT 分析	提出问题
	营销策划目标	明确任务
	营销战略与具体行销方案	对症下药
	策划方案的各种费用预算	预算应准确
	行动方案与控制	确保方案容易实施
结束语		做到前后呼应
附录		放些能提高可信度的资料

（1）封面。营销策划书的封面应提供以下信息：策划书的名称、客户的名称、策划机构或策划人的名称、策划完成日期及本策划适用的时间段、编号。

（2）前言。前言是营销策划书正式内容前的情况说明部分，内容应简明扼要，最多不要超过 500 字，让人一目了然。其主要内容包括接受委托的情况，如 X 公司接受 Y 公司的委托，就××年度的广告宣传计划进行具体策划；本次策划的重要性与必要性；策划的概况，即策划的过程及要达到的目的。

（3）目录。目录的作用是使营销策划书的结构一目了然，同时也使阅读者能方便地查询营销策划书的内容。因此，营销策划书的目录最好不要省略。

（4）概要。概要类似于一篇论文的内容提要，它是对营销策划内容的高度概括。阅读者应能够通过概要大致理解策划内容的要点。概要提示的撰写同样要求简明扼要，篇幅不宜过长，一般控制在一页纸以内。另外，概要提示不是简单地将策划内容予以列举，而是要单独成一个系统，因此其遣词造句等都要仔细斟酌，要起到一滴水见大海的效果。

（5）市场状况分析。市场状况分析包括宏观环境分析、产品分析、竞争者分析和消费者分析 4 个方面。

（6）SWOT 分析。SWOT 分析是对企业的优势、劣势、外部环境的机会、威胁进行的全面分析评估。通过 SWOT 分析可确定企业经营中的主要问题。

（7）营销目标、战略与策略。营销目标、战略与策略是营销策划书中最重要的部分，在撰写这部分内容时，必须非常清楚地提出营销目标、营销战略及策略。

① 营销目标说明企业在营销方面的发展方向，通常包括市场占有率、销售额、市场覆盖率、销售增长率等。

② 营销战略是为达到营销目标而进行的全局性、方向性的部署与规划，主要包括目标市场战略、产品开发战略、竞争战略、国际营销战略等。

③ 营销策略，也叫作营销组合策略，就是企业的综合营销方案，即企业根据自己的营销目标与资源状况，针对目标市场的需要对自己可控制的各种营销因素进行优化组合与合理的综合运用。营销策略主要有产品策略、价格策略、分销策略和促销策略。

（8）策划方案的费用预算、行动方案与控制。在实施营销策划之前，营销人员还要将各项营销策略转化成具体的活动程序，为此必须设计详细的行动方案。行动方案主要包括组织机构、行动程序安排、营销预算及行动方案的控制。

（9）结束语。结束语在整个策划书中可有可无，主要起到与前言的呼应作用。

（10）附录。附录可用于提供对策划内容的客观性证明，凡是有助于阅读者对策划内容理解、信任的资料都可以考虑列入附录。附录也要标明顺序，以便阅读者查找。

2．营销策划书的写作技巧

市场营销策划书与一般的报告文章有所不同，它对可信性、可操作性及说服力的要求特别高，因此，撰写营销策划书应注意以下几点。

（1）寻找一定的理论依据。营销策划人员要提高策划内容的可信性并使阅读者接受，就必须为策划者的观点寻找理论依据。但是，理论依据要有对应关系，纯粹的理论堆砌不仅不能提高可信性，反而会给人脱离实际的感觉。

（2）适当举例。这里的举例是指通过正、反两方面的例子来证明自己的观点。在策划报告书中加入适当的成功与失败的例子，既能起调整结构的作用，又能增强说服力，可谓一举两得。需要指出，举例宜多举成功的例子，选择一些国外先进的经验与做法以印证自己的观点是非常有效的。

（3）利用数据说明问题。策划报告书是一份指导企业实践的文件，其可靠性是决策者首先要考虑的。报告书的内容不能留下查无凭据的漏洞，任何一个论点最好都有依据，而数据就是最好的依据。在报告书中利用各种绝对数和相对数来进行比较对照是绝对不可少的。要注意的是，各种数据最好都有出处以证明其可靠性。

（4）运用图表帮助理解。运用图表有助于阅读者理解策划的内容，同时图表还能提高页面的美观性。图表具有强烈的直观效果，因此，用图表进行比较分析、概括归纳、辅助说明等非常有效。图表还能调节阅读者的情绪，有利于阅读者对策划书的深刻理解。

（5）合理利用版面安排。策划书视觉效果的优劣在一定程度上影响着策划效果的发挥。有效利用版面安排也是撰写策划书的技巧之一。版面安排包括打印的字体、字号大小、字与字的空隙、行与行的间隔、黑体字的采用及插图和颜色等。如果整篇策划书的字体、字号完全一样，没有层次之分，那么这份策划书就会显得呆板，缺少生气。总之，通过版面安排可以使重点突出、层次分明、严谨而不失活泼。

（6）注意细节，消灭差错。这一点对于策划报告书来说十分重要，但却往往被忽视。如果一份策划书中错字、别字连续出现，阅读者怎么可能对策划者有好的印象呢？因此，对打印好的策划书要反复仔细检查，不允许有任何差错出现，对企业的名称、专业术语等更应仔细检查。

任务实施

【实训目的】

通过实训，学生感悟营销策划的魅力，深入理解营销策划的整体概念，初步掌握营销策划的程序、步骤和方法，增强对后续知识与技能学习的兴趣和信心。

【实训内容】

1. 学生依据背景资料，进行案例分析。

2. 实训结束后，学生以小组为单位，撰写实训报告。实训报告要格式规范、内容完整、结构合理、层次分明、分析正确、策略得当。

【背景资料】

全民"剁手"的"6·18"背后有着怎样的营销策划？

"6·18"本是京东的店庆日，但如今的"6·18"与"11·11"一样，已变成了全民的购物狂欢节，成为电商全年的两个销售高峰！

据悉，2017年6月1日至18日购物节期间，京东商城累计下单金额达1 199亿元，天猫仅开场1小时，天猫电器城成交额同比增长近2倍。在"6·18"活动期间进行网上购物，俨然已经成为全民盛事。

全民"剁手"的"6·18"背后有着怎样的营销策划？

第一，线上、线下融合。2017年的"6·18"，天猫全面定义未来消费，宣称"理想生活上天猫"，注重"线上、线下融合"的营销风格。"6·18"期间，天猫在线下推出了理想生活体验馆，利用虚拟试衣间、虚拟试妆镜等技术，将线下试装及试妆体验挪到线上进行。

第二，联合营销。2017年，天猫就与映客合作做了场"电商+直播"，联合营销的方式早已常见。2018年，京东果断牵手360。360手机助手、360人工智能研究院、京东与360联合推出的"测测你的剁手指数"创意H5小游戏赢得了众多用户的好评。

第三，利用粉丝经济。"6·18"大促中，京东还在花椒直播开启了长达12小时的直播秀，众多明星轮番上阵，时尚明星纷纷捧场。

第四，软文、硬广不停。虽说"6·18"是线上狂欢，但是京东早已把线下的硬广打了出去，2017年5月17日，在各大都市报纸的封面上，突然出现了2017京东大学入学考试模拟题，这里面既有数学题，也有物理题、历史题，但它们的答案统一指向1个数字——618!

第五，利用IP造势（IP泛指具有影响力的人和事物）。在这个多元的社会中，IP的力量被不断地放大，基于IP的内容营销也变得更加重要。

2017年6月1日儿童节当天，京东就通过与全球家庭娱乐品牌迪士尼合作上线了"迪士尼童梦日"活动。与此同时，迪士尼也在京东平台上推出了母婴玩具、服装、食品、电器、3C等不同品类的促销商品，在这一天下单的用户更有机会收到限量版迪士尼主题包裹。

而天猫最大的IP无疑是其这次品牌升级——"理想生活上天猫"。天猫联合阿里研究院和波士顿咨询公司（Boston Consulting Group，BCG）发布"乐活绿动、独乐自在、人设自由、无微不智、玩物立志"五大趋势词，邀请歌手李健、演员夏雨、"中国最懂时尚的奶奶"黄炎贞、极客公园创始人张鹏和阿里云总裁胡晓明出席活动，活动围绕着理想生活这一主题进行贯穿和延伸。

经过十多年的发展，"6·18"从京东一家独大的促销活动演变成如今全民的年中购物狂欢节，影响力与最初早已不可同日而语。营销策划对于"6·18"的火爆起到了非常重要的助推作用。

资料来源：A5创业网

【实训步骤】

1. 学生认真阅读背景资料。

2. 学生分析天猫和京东两大平台在2017年"6·18"网购狂欢节中营销策划的创新

性及营销策划的特点。

3. 学生列出天猫和京东"6·18"营销策划的内容及运用的方法。

4. 学生进行一次头脑风暴：电商平台如何持续吸引消费者的热情？"6·18"和"11·11"大促之后该卖什么？又该如何进行营销策划？

5. 学生汇总大家的意见，完成小组实训报告。

【实训考核】

1. 考核内容：实训报告的质量、团队合作的能力和实训完成的时间。

2. 考核方法：首先由学生自评，然后由小组互评，最后教师综合评出小组成绩，在此基础上给出个人最终成绩。

任务二　营销策划职业素养的准备

任务描述

营销策划是一项富有创意的系统工程，是需要投入大量智慧的高难度脑力劳动。因此,作为营销策划活动主体与核心的营销策划人员必须符合基本的素质要求和能力要求,以保证营销活动卓有成效地开展。

相关知识

一、营销策划人员的素质要求

1. 思想素质

首先，营销策划人员必须具有强烈的事业心和高度的责任感。其次，营销策划人员必须具有高尚的品德，表现在公正廉洁、豁达大度、诚实守信、实事求是等方面。

营销策划人员需要具备两种责任：一是社会责任，营销策划人员不能为了策划而不考虑社会职责；二是企业责任，企业的最终目的是通过营销策划人员的营销策划让企业获得更多的利益，而在现实中，有些策划机构在实施过程中，让企业进行铺天盖地的宣传，自己也捆绑企业宣传，最终的结果是企业花费了大量的金钱，却没有得到很好的宣传效果，因此营销策划人员的营销策划应保证企业利益最大化。

2．心理素质

优秀的营销策划人员应具有良好的心理素质，凡事积极进取，从不消极懈怠，永不言败；凡事细化思考，喜欢问为什么；不盲从，不满足于现状；乐于迎接挑战，有独特的见解和与众不同的构想；不会轻附众议、人云亦云；勇于创新，求新图变；思维严密，重视论证，追求策划方法的科学性、严密性、系统性和高效性；善于学习和借鉴他人的长处，虚心接受别人的意见和建议，能够博采众家之长；不固执己见，善于根据时局变化和他人建议修改方案，提高策划的适应性。

3．知识素质

第一，营销策划人员要具备一定的专业理论知识，如经济学、心理学、营销学、广告学、传播学、会计学、统计学等；第二，营销策划人员要有丰富的社会生活知识，了解社会现象，掌握社会心理，尊重并利用社会风俗习惯，策划出符合社会实际情况、具有可操作性的营销方案；第三，营销策划人员要熟悉行业专业知识、政策法规，利用政策法规，为企业找到和抓住营销机会，做出切合实际的策划方案。

二、营销策划人员的能力要求

1．洞察能力

营销策划人员应富有直觉思维判断分析能力，对环境有敏捷的感受力，对问题有敏锐的发现力，可以迅速察觉到一般人没有注意到的情况甚至细节，能够发现一般人习以为常的问题，抓住一般人熟视无睹的现象及本质。

2．想象能力

营销策划人员应富有想象力，能够打开思维的天窗，进行开放式思维和想象；能够找出表面互不相干的事物之间的联系，考虑解决复杂问题的多种方法或途径；能够创造性地在现实与目标之间架起桥梁，提出和完善解决问题的构思与创意。

3．分析能力

营销策划人员应富有理性的思维习惯，能够深入、冷静地思考问题，对各种解决问题的方案进行优劣分析和评价；能够从众多策划构想或创意方案中发现闪光点，丰富、发展和完善策划方案。

4．执行能力

营销策划人员不仅要具备敏锐的观察力，而且要善于调动所有可利用的社会资源，有良好的执行控制能力，有处理各方面关系的沟通说服能力与协调能力。

除此之外，营销策划人员还应该具备群体效能。所谓群体效能是指以最有效益和最能发挥能量的原则来进行群体组合，从而实现巧妙地策划、有力地传播、完美地操作和科学地评估。营销策划工作包罗万象，客观而言，任何一个策划者都不可能具备所有能力素质，必须将不同的人按"优势互补、珠联璧合、相得益彰"的原则组合在一起，发挥群体策划的作用。

实时互动

1. 你是如何理解营销策划人才职业素质的？

2. 告诉大家，你最大的策划能力是什么？

任务实施

【实训目的】

通过模拟演练，学生体验营销策划的魅力，完成自己作为营销人的职业生涯规划设计，努力成为一名优秀的营销策划人员。

【实训内容】

1. 背景资料

谢腾：新生代点子大王

谢腾是上海腾华船务有限公司的总经理，他的另一个身份是上海海运学院（现名为上海海事大学）的一名4年级学生。4年以前，当他从家乡福建连城到上海来读大学时，他还只是个普通的学生；然而4年之后，当他独自坐在这间宽敞的办公室里时，他已经是一名受到过国家领导人亲切接见的创业先锋。他这4年的经历和收获让同龄人望尘莫及。

- 大一：敢想，敢说，敢做。

高中时代的谢腾很爱读书，特别喜欢中国著名策划人王志纲写的《谋事在人》《成事在天》，从中真正领略到了文化和知识的无穷力量，并萌发了想要尝试的念头。于是在大一时，谢腾写下了自己的第一份企业策划书。虽然由于种种原因，这份尚显稚嫩的策划处女作最终并没有被企业采用，但这个初出茅庐的小伙子毕竟迈出了勇敢的第一步。更难得的是，谢腾并未因第一次的失利而灰心，相反，他把策划内容编成了一部音乐短剧，并以此在学校举办的"青春风采"大赛中获得了第一名。他以另一种方式证明了自己的价值。

- 大二：磨刀不误砍柴工。

　　谢腾是上海海运学院工学院的学生会主席，学的是设备工程与管理专业，在学校还是文学、文艺方面的骨干。他说，对策划的爱好得益于家庭的影响和父亲的熏陶。谢腾的父亲是当地知名的书法家和社会活动家，在文学上也很有造诣，帮人做策划是父亲的爱好之一。谢腾从小耳濡目染，对父亲相当崇拜。他说，他现在的才能不及父亲的十分之一。

　　现在的谢腾是一个身兼数职的大忙人，而大一、大二时，他是大学里最乖的学生。他认为，学生创业也需要学科知识的积累，因此在大学的前两年，他特别重视学科的学习，把大量的精力花在了对大学生活的适应、对价值观的塑造和对知识框架的搭建上，正所谓"磨刀不误砍柴工"。

- 大三：用 1% 的机会赢得 100% 的成功。

　　大三时，谢腾在学校里成立了"腾大个人工作室"，真正开始了他所钟爱的策划工作，并成功实施了一个对他此生有重大转折的"登天计划"。

　　2000 年 5 月 13 日，作为"上海在校学生企业第一人"的傅章强受到了国家领导人的亲切接见和热情鼓励，谢腾以傅章强的企业策划顾问的身份也受到了接见。但是，谁也没有想到，这一极具新闻价值时刻的到来是两个年轻人三个多月紧张策划和艰难实施的结果。更令人刮目相看的是，这一被称为"登天计划"的策划竟然完全出自当时才大学三年级的谢腾之手。正像事后有人评论的那样："真正让人佩服的并不是成功的结果，而是那份敢于把'异想天开'变成现实的勇气和智慧。"

- 大四：用成功的案例创造成功的机会。

　　一次颇具影响的成功策划使得谢腾在中国策划界小有名气，也使他有了更多施展才华的机会。2000 年 11 月，中国策划协会常务副会长、北大博士生导师马名驹向谢腾发来邀请函，邀请他参加中国策划艺术成果博览会。在会上，谢腾的出现引起了中国策划界的普遍关注，他也结识到了许多策划界的知名人士，这才感受到外面的世界真的好大。

　　2001 年 3 月 9 日，一个相信谢腾才华的投资人斥资 100 万元，成立了上海腾华船务有限公司，谢腾任总经理。谢腾为自己的企业写了一副对联：德立政通家齐国治，人贤风正民富邦安。他说，只有"以德办企"，才能对社会有所贡献，才能得到社会的支持和帮助，才能达到长期发展的目的。的确，在半年多的筹办过程中，公司在江南造船厂等许多社会力量的大力支持下，运营状况良好，利润已经超过 25 万元，并安置了 30 多名下岗工人。

资料来源：都市生活类周报《上海星期三》

2. 角色任务

如果你也想做一个像谢腾那样的成功策划人，甚至成为一个成功的创业者，就结合实际情况，对自己今后的学习和事业做一个规划。

要求：结合本人实际，具有一定的可行性。

【实训步骤】

1. 学生以营销策划团队为单位阅读背景资料。

2. 对照角色，每位学生概括一下自己前一阶段的大学生活，写出自己的职业生涯规划。

3. 学生开展关于"我的职业生涯规划"的演讲比赛。

4. 小组内部评出优秀学员，参加班级比赛。

每位比赛成员都要上台演讲，阐述自己的人生构想，在演讲结束后，要对评委的提问做出回答，同时其他演讲者也要对该演讲者的演讲做出评价，找出优、缺点。

【实训考核】

1. 考核内容：职业生涯规划的设计与展示、团队合作的能力和实训完成的时间。

2. 考核方法：首先进行学生自评，然后小组互评，最后教师综合评出小组成绩，在此基础上给出个人最终成绩。

任务三　营销策划组织的准备

任务描述

企业只有建立适应性强的营销策划组织机构，才能适应市场营销环境和营销渠道的新变化，才能取得生存和发展的机会。本任务采用团队运作的方式，要求学生组建营销策划团队，通过团队成员的协作共同完成营销策划实训任务，从而提高团队意识和合作能力。

🔲 **相关知识**

一、营销策划工作的组织机构

营销策划工作可以划分为企业内部自主型营销策划和企业外部参与型营销策划。

企业内部自主型营销策划，是指企业内部专职营销策划部门（如策划部、营销部、市场部、公关部或销售部等）从事的市场营销策划活动。企业内部部门熟悉企业内部的资源状况和条件，制订的策划方案具有较好的可操作性，但方案的创意和理念受企业文化或管理体制的约束而缺乏开拓创新精神。

企业外部参与型营销策划，是指委托企业以外专门从事营销策划的企业（如营销策划公司、管理咨询公司、市场调研公司、广告公司或公关公司等）从事的市场营销策划活动，有的企业也委托高等院校、科研院所的教授、双师型教师参与企业的市场营销策划。这类策划的特点是显性投入高、隐性投放少、起点高、视角不同、创意新奇、理念设计战略指导性强、方案制订逻辑系统性强，但方案的可操作性值得注意。

🔲 **营销视野**

> ### 著名策划机构及网站
>
> 1. 世界著名策划机构
>
> 跨国智囊团：国际应用系统分析研究所。
>
> "世界脑库"的杰出代表：美国兰德咨询公司。
>
> 现代咨询业的巨人：美国麦肯锡管理顾问公司。
>
> 现代咨询领域多面手：美国斯坦福国际咨询研究所。
>
> 2. 中国策划机构或网站
>
> 中国策划专家网、中国策划网、中国策划创新网、中华策划网、中国营销策划师网、中国策划研究院、中国策划人才网。

营销策划公司或管理咨询公司在组织结构上一般由客户部、市场调查部、创意文案部、设计制作部、推广销售部及行政管理部（包括行政、财务、人事等管理人员）等部门构成，如图 1-4 所示。其基本的组织形态特点是资源集中性和小组作业中心制。

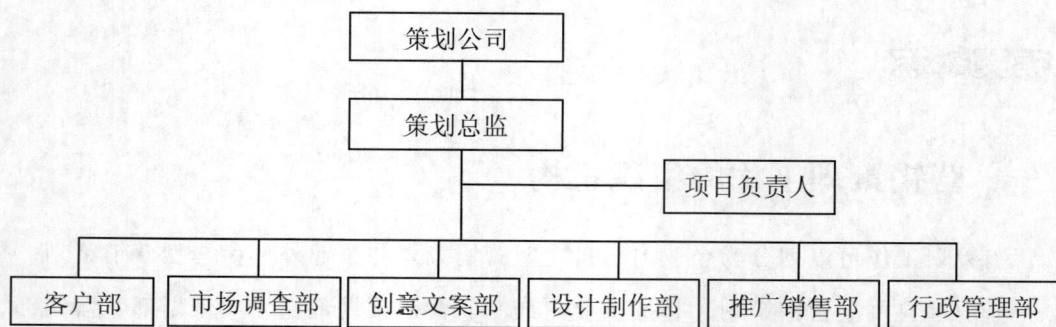

图 1-4　营销策划公司的组织机构

二、营销策划工作的特点

1. 项目小组制

营销策划工作主要以专项营销策划工作任务为中心组成项目小组。每个项目小组既可独立运作完成某一项目，也可办同工作，共享公司的信息、技术、人力资源。

2. 团队合作化

营销活动的综合性和跨界性特点决定了策划的整体协作，如项目确立、目标定位、制订行动方案等工作必须在团队合作的前提下才能顺利进行。营销策划工作要求每个项目组成员必须具备整体观念与合作意识，以利于团队成员在知识、能力、素质等方面取长补短，形成优化的工作结构和系统化的分工。

3. 创意新颖性

营销策划的灵魂是创意。让创意承载思想，整合资源，以最小的投入获取最大的效益，是营销策划的本质要求。

任务实施

【实训目的】

通过组建营销策划团队，创设营销策划组织，学生掌握公司创立的条件，能模拟注册一家公司，设计公司的组织机构、名称、理念、口号，并在此基础上进行项目运作和营销策划思路的设计。

【实训内容】

1. 学生组建团队，创设模拟公司，构建营销策划组织。

2. 学生利用互联网，搜集世界著名策划机构、中国著名策划机构的信息，分析这些营销策划机构的类型与设计原则。

3. 团队中要确立模拟公司的发起人。每个学生首先进行思考：自己是否可以承担起发起人的职责？如果自己不适合，请推荐班上其他同学。

4. 发起人牵头进行模拟公司的人员组合与分工，确定公司负责人、财务负责人、项目负责人、后勤服务人员等，每个公司5～10人。

5. 学生初步确定企业经营范围、企业名称、企业制度、企业精神与理念等。

【实训步骤】

1. 全班4～6人为一组，在教师指导和学生自愿选择的基础上，学生组建营销策划团队，创设营销策划模拟公司。

2. 学生选举确立公司发起人，确立公司组织结构及人员安排。

3. 学生讨论模拟公司组建方案，确立公司经营范围、公司名称、公司制度、经营理念与行为规范、企业发展目标与发展方向等，并形成团队建设方案。

4. 学生以PPT的形式将团队建设方案制作成团队名片。

5. 学生以演讲的方式进行团队建设方案的发布，团队成员分别就其中的一项内容进行演讲，并共同在课堂上宣读团队标语和口号。

6. 教师对团队建设方案进行考核评比。

【实训考核】

1. 考核内容：模拟公司成立方案的质量、团队合作的能力和实训完成的时间。

2. 考核方法：首先由学生自评，然后由小组互评，最后教师综合评出小组成绩，在此基础上给出个人最终成绩。

项目小结

营销策划准备是营销策划的基础工作，是企业开展营销策划的前提。本项目通过实地考察走访企业及经营策划者，培养学生关注企业和学习企业营销策划的兴趣，以及参加社会实践活动的主动性、积极性；通过课堂讨论、演讲比赛，让学生理解策划的含义、策划的原则与策划的程序，明确策划人员的素质结构、能力结构；通过创设营销策划模拟公司，学生进一步做好策划准备工作，以实践训练的方式提高营销策划个案分析的能力。

自我检测

一、单选题

1. 营销策划的一般过程中首先实施的是（　　　）。

    A. 制订营销战略   B. 制订行动方案

    C. 市场调查   D. 预测效益

2. 营销策划创新主要是对（　　　）的创新。

    A. 产品   B. 营销策略和营销理念的创新

    C. 技术   D. 企业管理

3. （　　　）是营销策划书中的最主要的部分。

    A. 战略及行动方案   B. 费用预算

    C. SWOT 分析   D. 营销目标

二、多选题

1. 策划的三要素包括（　　　）。

    A. 明确的主题目标   B. 崭新的创意

    C. 实现的可能性   D. 详细的实施计划

2. 在营销策划中，创造性营销思维的主要特征是（　　　）。

    A. 积极的求异性   B. 敏锐的洞察力

    C. 良好的人际因素   D. 丰富的想象力和灵感

3. 下列属于营销策划方法的是（　　　）。

    A. 点子法   B. 创意法   C. 谋略法   D. 运筹法

三、简答题

1. 如何理解营销策划的概念？

2. 营销策划人员必须具备哪些基本知识和技能？

3. 一份完整的营销策划书包括哪些内容？

技能训练

走访企业及营销策划人员。

【实训目的】

通过走访企业及营销策划人员，学生培养关注企业和学习营销策划的兴趣，具备参加社会实践活动的主动性和积极性。

【实训内容】

1. 学生以营销策划团队为单位，走访企业及营销策划人员，确定访问对象。

2. 学生制作调查访问提纲。

3. 学生实地走访企业及营销策划人员，做好访问记录。

4. 学生撰写访问报告及实训总结，在班内进行交流展示。

【实训步骤】

1. 学生以营销策划团队为单位走访企业及营销策划人员。

2. 学生访问企业营销策划人员，了解营销策划人员的活动，做好访问记录。

3. 每位学生应撰写访问报告，在班内进行交流展示。

【实训考核】

每位学生填写好实训报告。首先进行学生自评，然后小组互评，最后教师综合评出小组成绩，在此基础上给出个人最终成绩。

拓展训练

【游戏名称】

高空飞蛋。

【训练目标】

学生能在互助合作中发挥创意。

【实施步骤】

1. 学生以营销策划团队为单位组成小组。教师给每组成员准备一套材料，包括鸡蛋1个，气球1个，塑料袋1个，竹签4个，塑料匙、叉各2把，橡皮筋6条。

2. 教师要求每组成员在25分钟后到指定的3层楼地点把鸡蛋放下来，为了不使鸡蛋摔破，可以用所给的材料设计保护伞。

3. 25分钟后，每组留一名组员在3层楼高的地方放鸡蛋，其他组员到楼下空地观看及检查落下的鸡蛋是否完好。

4. 鸡蛋完好的小组是优胜组，可以进行决赛。

【相关讨论】

1. 请问你们小组的创意是什么？

2. 在小组合作过程中大家的协调程度如何？

项目二
营销调研策划

项目导入

　　王创和张丽在校学习期间准备承包校园超市开展经营活动。为了更好地了解市场竞争态势和消费者需求，并做出科学的营销决策，他们决定对校园超市展开周密的市场调研。可是，他们脑海中千头万绪，该怎样开展市场调研？怎样制订一个切实可行的调研方案？

项目分析

　　营销调研是营销策划的重要组成部分，每项成功的策划都需要大量的前期调研工作，需要对背景资料进行整理、分析，同时，调研的资料和方式是否可靠、问题分析正确与否，将决定策划和设计的方案能否顺利进行。本项目主要介绍了调研方案的设计、调研技术的运用、营销调研的组织与实施。

学习目标

知识目标

1. 明确营销调研策划的概念和意义。

2. 熟悉营销调研策划的工作程序。

3. 掌握营销调研的技术与方法。

技能目标

1. 具备市场调研策划的能力。

2. 具备收集、整理和分析资料的能力。

3. 学会撰写调研报告。

学习内容思维导图如图 2-1 所示。

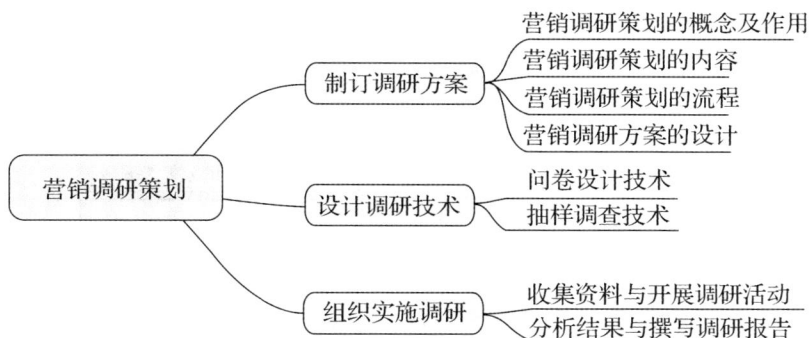

图 2-1　营销调研策划学习内容思维导图

任务一　　制订调研方案

任务描述

　　营销调研是一项复杂、严肃、技术性较强的工作，营销人员在进行实际调研之前，应对调研工作的各个方面和各个阶段进行通盘考虑和安排，以提出相应的调研计划，制订出合理的工作程序。这个过程就需要制订调研方案。通过完成本任务，学生能够独立设计市场营销调研方案。

相关知识

一、营销调研策划的概念及作用

　　营销调研策划，是指策划者为某一个特定的营销决策问题而进行的收集、记录、整理、分析、研究市场的各种状况及其影响因素，并由此得出结论的系统活动过程。

营销调研策划可以采用两种方式：一种是委托专业市场调查公司来做；另一种是由企业自己来做，企业可以设立市场研究部门，让其负责此项工作。

企业营销调研策划的作用：有利于制订科学的营销规划；有利于优化营销组合；有利于开拓新的市场。

二、营销调研策划的内容

营销调研策划的内容如图 2-2 所示。

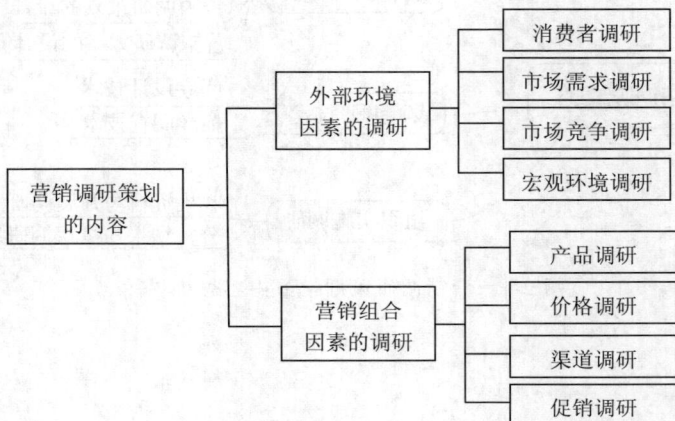

图 2-2　营销调研策划的内容

1. 外部环境因素的调研

外部环境因素的调研主要包括以下几个方面。

（1）消费者调研。消费者调研包括消费者购买动机、购买方式及购买习惯的调研；消费者对企业营销策略的反馈、对企业产品与价格的满意度、对营销服务的要求等情况的调研。

（2）市场需求调研。市场需求调研包括市场需求总量的调研、市场需求构成的调研等。

（3）市场竞争调研。市场竞争调研包括识别竞争者、竞争者地位分析、评估竞争者的优势与劣势、竞争者战略分析等。

（4）宏观环境调研。宏观环境调研的内容包括经济环境、政治法律环境、社会文化环境、科学技术环境、人口、自然资源等。

2. 营销组合因素的调研

营销组合因素的调研主要包括产品调研、价格调研、渠道调研、促销调研。

三、营销调研策划的流程

营销调研策划的程序和步骤由若干相互联系且相互制约的营销调研活动构成，前一环节往往是后一环节的基础与前提，因此掌握营销策划的程序有利于整个策划调研工作的顺利进行。营销调研策划的一般流程由以下几个环节组成，如图 2-3 所示。

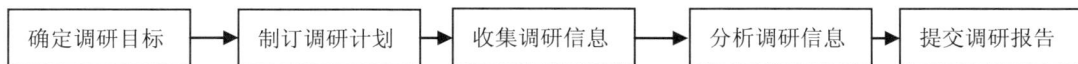

确定调研目标　→　制订调研计划　→　收集调研信息　→　分析调研信息　→　提交调研报告

图 2-3　营销调研策划的一般流程

四、营销调研方案的设计

营销调研方案的设计是对营销调研工作各个方面和全部过程的通盘考虑，包括整个调研工作过程的全部内容。营销调研方案是否科学、可行，是整个调研策划成败的关键。营销调研方案的设计主要包括以下几个方面的内容。

1. 选定调研主题与调研目标

调研人员在组织调研时，首先应找出需要解决的关键问题，选定调研主题，明确调研任务和目标。

（1）选定调研主题。主题的界定不能太宽泛、太空泛，以避免主题不明确、不具体。选题太宽泛会使调研人员无所适从，在大量不必要的信息面前迷失方向，反而不容易发现真正需要的信息。主题的界定也不可以太窄、太细微，这样会使营销调研不全面，不能反映真实情况。

（2）明确调研目标。调研人员在确定调研目标时，应当努力使需要调研的问题定量化，提出具体的数量目标，以利于对调研结果的审核和评估。例如，把调研目标定为"我们的新产品是否会畅销？"那么，究竟多少是畅销？如果说明年销售额 300 万元为畅销，那么这个目标就明确多了。

这一阶段的工作非常关键，它决定着整个调研活动的性质和方向。在这一阶段出现失误将导致全局性的失误。调研者必须在对企业十分了解的基础上提出调研专题和目标。

2. 确定调研对象

调研人员根据调研内容可以列出市场调研所需收集资料的细目。这些资料分为现成资料和原始资料。

（1）现成资料。现成资料又称第二手资料，是从实地调查以外有关方面得到的各种数据、图文、音像资料。收集现成资料可以通过企业内部和企业外部两种途径进行。在企业内部可调查统计、供销、财务及档案室等部门，以收集生产、销售、库存的原始记录和统计报表；收集销售记录、销售发票、订货合同、送货单、运输单、退货单、财务报表、进货成本、生产成本、流通费用、利润结构、资金周转速度、应收应付款等资料；查看工作总结、工作报告、业务建议、企业评估、用户意见、历次大中型营销活动策划方案及实施结果汇报等。在企业外部可调查政府有关职能部门、行业协会、社会团体、经销商、零售商、报社、电视台、广播电台及各国政府派出机构，以收集官方资料、报刊资料、商业资料、企业发布资料、商情资料及各国有关资料。在现成资料调研中，调研人员一般应访问负责人员和业务主管，同时对生产、经营第一线有关人员的访问也不可忽视。下面就是很好地利用现成资料的例子。

小案例

日本某公司进入美国市场前，通过查阅美国有关法律和规定得知：美国为了保护本国工业，规定美国政府收到外国公司商品报价单，价格一律无条件提高 50%。而美国法律中规定，本国商品的定义是"一件商品，美国制造的零件所含价值必须达到这件商品价值的 50% 以上"。这家公司根据这些条款，想出一条对策：进入美国公司的产品共有 20 种零件，在日本生产其中的 19 种零件，从美国进口剩下的那 1 种零件，这 1 种零件价值最高，其价值超过该产品价值的 50% 以上，在日本组装以后再送到美国销售，就成了美国商品，就可直接与美国厂商竞争。

（2）原始资料。原始资料也称第一手资料，是从特定目的出发对有关对象进行实地调查直接得到的各种数据、图文、音像资料。原始资料的类型不同，调研的对象也不同。收集原始资料，调研对象主要为消费者、代理商、批发商、零售商及政府主管部门、各专业公司、行业协会、同行企业和有业务往来的企事业单位。在企业内部也可调研市场、销售、采购、统计、运输、维修等部门的相关人员，同时也要重视对有关各类专家和业务人员的调研。通过上述途径，调研人员可以收集到有关消费需求、消费结构、市场竞争等方面的第一手资料，这些资料对于寻找市场机会具有十分重要的参考作用。

3. 确定调研方法

调研人员根据市场调研目的、调研内容、调研对象可以确定恰当的市场调研方法。

市场调研方法有以下几种。

（1）询问法。询问法又称直接调研法，它是以询问的方式了解情况、搜集材料以获得各种情况和资料。询问法是收集第一手资料最主要的方法，它既可以独立使用，也可以与观察法结合应用。在实际应用中，按调查人员和被调查者接触的方式不同，有面谈调研法、电话调研法、邮寄调研法、留置问卷调研法。这些方法各有特色，应用于不同场合。

面谈调研法是调查人员直接面对被调查者通过交谈而获取市场信息的方法，是市场调研中最常用和较灵活的一种调查方法。一次成功的面谈调研，不仅取决于调研人员的专业知识水平，还取决于面谈技巧。"三字"面谈技巧：说、听、记，即说该说的、能说的；听所能听到的；记所能记住的。

营销视野

应用面谈技巧时还应注意以下几点。

● 调研人员在整个调研中要始终保持精神饱满，自信乐观，以高昂的情绪去感染人、引导人、激励人，使对方乐意合作。

● 见面接触时，说话要因人而异。如果是熟人，稍加寒暄便可开门见山；如果是初次接触者，则必须说明来意、面谈目的、获取资料的用途，以消除对方的戒备心理，使其提供真实信息。

● 问话的语气、措辞、方式要适合被调研者的身份、知识水平，否则可能导致回答者不安或给出错误答案。

● 掌握调研时间。一般在 20 分钟内访问效果最佳，时间过长，会令人厌倦而不予合作。

● 仪表大方，穿着得体，口齿清晰，语言流利，善于随机应变。

（2）观察法。观察法是指调研人员在调研现场对被调研者的情况直接观察记录，或借助于仪器进行观察，以获取市场信息的一种调研方法。这种方法不同于询问法，调研人员不直接向被调研者提出问题并要求其回答，而是依赖于自己耳闻目睹的亲身感受，或者利用照相机、摄像机、录音机等现代化记录仪器和设备间接地进行观察以搜集信息。

观察法分为人工观察法和机器观察法。无论采用哪种方法进行观察，都要遵循客观性、全面性和深入持久性原则，并按照选择观察对象，确定观察内容→制订观察计划，选择观察工具→做好实地观察和观察记录→退出观察现场，进入研究这 4 个阶段进行。

营销故事

我是一个神秘购物者

我是一个来自湖南邵东的女孩，1999 年有幸被美国纽约商学院录取。毕业后，我不知该干什么，非常茫然。2003 年 2 月的一天，我在互联网上意外发现了一个招聘神秘购物者的广告，经了解，原来所谓"神秘购物者"，往往受雇于一家与商家签约的神秘购物公司，平时以一个普通消费者的身份，应一些企业的要求到他们的商店踩点"购物"，通过实地观察体验，了解产品在市场上的受欢迎度及清洁、服务和管理等诸多方面的问题，然后将这些"情报"整理成报告，交给这家企业的老板。

对商家来说，使用这种花钱买破绽的方法，最大的好处就是能及时发现、改进存在的问题，做到药到病除。而在我看来，做神秘购物者是一件很快乐的事，因为无论是购物、就餐、在酒吧品酒，还是旅行、打高尔夫球，都是有报酬的"工作"。

于是，我便毫不犹豫地成了纽约这家神秘购物公司的一员。根据规定，我每天至少得上街"购物"一次，每次的工作报酬为 15 美元，每周工作 40 个小时，一年收入大约为 3 万美元，不过，这一收入还不包括免费的日用品、就餐和周末的度假花销。应该说，这还算是一份收入不错的活儿。在常人看来，干这行一定很潇洒、浪漫，不就是轻轻松松吃喝玩乐吗？事实上，每次"购物消费"都是一种紧张而又刺激的经历，简直就跟"间谍"似的。

第一天上班，一家饭店的老板抱怨最近顾客明显减少，于是我应邀去那家著名饭店"用餐"。点了几个法国菜和主食后，我就开始频频看表，计算从服务员拿走菜单到上菜到底花了多少时间，同时观察饭店里的卫生情况，甚至连一些细节也绝不放过。例如，我看到自己面前的这张餐桌上尽管放着盛话梅之类的开胃小零食的碟子，可早就空了。我将这一切默默地记录下来。再看看手表，已经过去很长一段时间了，我点的饭菜还没上来，于是我明白了生意不好的主要原因就出在等候时间太长。回去后我将自己在饭店的所见所闻归纳成报告，并提出改进建议，交给了这家饭店的老板。

几天后，有一家快餐店的老板说最近订餐的顾客大为减少，于是请我们公司调查一下。我又出马了。在饭店买好一份快餐后，我立即开车奔向饭店经常送餐的目的地。

我边驾车边看表，看看那段路程正常行车需要花多少时间。经过几次比较，我发现快餐店送餐的时间比自己所花的时间长了许多。让顾客饿着肚子等待的结果肯定是失去客源，这就是问题所在！

还有一次，我接到一个很棘手的任务——暗中了解一家婚礼承包商在价格和服务上是否有欺诈行为。为此，我得冒充婚礼的来宾，到纽约著名的希尔顿大酒店参加热闹的婚礼。当时，我觉得混迹其中简直让人受不了，神经总是绷得紧紧的，不跟任何人说话，甚至连眼神对视也尽量避免，生怕"穿帮"。虽然这次"侦察"行动有一定难度，但我还是设法收集到了婚礼承包商在价格上欺诈消费者的有力证据。

资料来源：中国论文网

（3）实验法。实验法就是在调研过程中从影响调研目的的诸多因素中找出一两个因素，将它们置于模拟环境中进行小规模的实验，然后对实验结果做出分析、判断，以供决策。

实验法基本由实验者、实验对象、实验环境、实验活动和实验检测 5 个要素构成。它最突出的特点是实践性，这也是实验调研的本质特点。

这种调研方法主要用于新产品试销和新方案实施前的调研，如某新产品在大批量生产之前，先生产一小批投入市场进行销售实验。实验目的：一是看该新产品的质量、品种、规格、外观是否受欢迎；二是了解产品的价格是否被用户所接受。实验法是比较科学的调研方法，取得的资料比较准确，但所花费用较高，时间也较长。

实时互动

一家五金店店主想了解一下到他店里买东西的顾客对他店铺的印象如何，以及对他的竞争对手商店的印象如何，于是，他拨少量经费，要求在 3 周内得到结果。你将推荐哪一种调查方法？为什么？

4．撰写营销调研方案

一个完整的营销调研方案一般包括以下几个部分。

（1）前言。前言要简明扼要地介绍整个调研课题出台的背景原因。

（2）调研目的和意义。调研目的和意义较前言部分稍微详细些，应指出项目的背景、想研究的问题和可能的几种备用决策,指明该项目的调研结果能给企业带来的决策价值、经济效益、社会效益,以及在理论上的重大价值。

(3)调研的内容和范围。调研方案要指明课题调研的主要内容,规定必需的信息资料,列出主要的调研问题和相关的理论假说,明确界定此次调研的对象和范围。

(4)调研方法。调研方案要指明所采用的研究方法的主要特征、抽样方案的步骤和主要内容、所取样本的精度指标、最终数据采集的方法和调研方式、调研问卷设计方面的考虑和问卷的形式及数据处理和分析方法等。

(5)调研进度和有关经费开支预算。调研方案应该设计得有一定弹性和余地,以应付可能的意外事件的影响。

(6)附件。调研方案的附件应列出课题负责人及主要参与者的名单,并可简单介绍一下团队成员的专长和分工情况,指明抽样方案的技术说明和细节说明、调研问卷设计中有关的技术参数、数据处理方法和所采用的软件等。

营销调研方案内容的构成如图 2-4 所示。

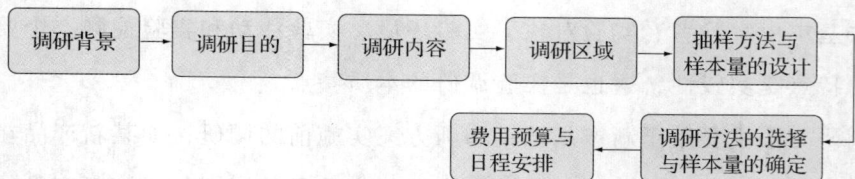

图 2-4 营销调研方案内容的构成

一份完整的营销调研方案,均应涉及上述 6 个方面的内容,不能有遗漏。具体格式方面,如编辑排版上,没有统一的范本,中间内容的适当合并或进一步细分亦可行。总之,应根据具体的案例背景加以灵活处理。

任务实施

【实训目的】

通过模拟演练,学生明确市场调研是万事之始,营销调研策划是市场营销策划的起点,并掌握市场调研的程序与方法。

【实训内容】

假设你是一家咨询顾问公司的代表,现在要帮助一家旅行社做关于自助游的市场调研和分析,你打算从哪些方面着手,以提高调研与分析的准确性?

1．学生以营销策划团队为单位进行实训。

2．对照角色，每个学生在小组内部进行营销调研策划的模拟演练。

3．在小组内部评出优秀学生，进行班级宣讲比赛。

4．每位比赛成员都要上台演讲，阐述自己的观点。

【实训考核】

1．考核内容：关于自助游的市场调研策划的设计与展示、团队合作的能力和实训完成的时间。

2．考核方法：首先由学生自评，然后由小组互评，最后教师综合评出小组成绩，在此基础上给出个人最终成绩。

任务二　设计调研技术

任务描述

营销调研不仅要制订完备的调研方案、选择合适的调研方法，还要善于运用各种调研技术，才能获得完整、准确的资料。调查问卷设计、抽样方法选择是营销调研中最常用的基本技术。通过完成本任务，学生能够熟练掌握问卷的设计及抽样技术。

相关知识

一、问卷设计技术

问卷也叫调研表、调研提纲，是收集第一手资料常用的表格形式。问卷的设计是市场调研中的一项基础性工作，直接体现市场调研的目的、价值、效率。

问卷设计的基本要求可概括为"四易"：易于回答、易于记录、易于整理统计、易于辨别回答真伪。具体来讲，设计一份好的问卷，必须考虑这样几个问题：问卷是否能提供必要的管理决策信息？是否考虑到应答者的情况？是否满足编辑、编码和数据处理的要求？

1．问卷的结构

问卷一般由开头、正文和结尾3个部分组成。

（1）问卷的开头。问卷的开头主要包括问候语、填表说明和问卷编号。问候语应亲切、诚恳、有礼貌，并说明调研目的、调研者身份、保密原则及奖励措施，以消除被调研者的疑虑，激发他们的参与意识。填表说明主要在于规范和帮助受访者对问卷的回答，可以集中放在问卷前面，也可以分散在题目中。

（2）问卷的正文。问卷的正文一般包括资料搜集、被调研者的基本情况两个部分。

搜集资料部分是问卷的主体，也是使用问卷的目的所在。其内容主要包括调研所要了解的问题和备选答案。显然，这部分内容是问卷设计的重点。

调研者的有关背景资料也是问卷正文的重要内容之一。被调研者往往对这部分问题比较敏感，但这些问题与研究目的密切相关，必不可少，如个人的年龄、性别、文化程度、职业、职务、收入等，家庭的类型、人口数、经济情况等，单位的性质、规模、行业、所在地等，具体内容要依据调研者前期的分析设计而定。

（3）问卷的结尾。问卷的结尾可以设置开放题，征询被调研者的意见、感受，或是记录调研情况，也可以是感谢语及其他补充说明。

2．问卷设计的主要步骤

（1）确定所要收集的资料、问卷的具体内容、想要提出的问题。

（2）确定提问的方式。

（3）确定每个问题的措辞。

（4）确定每个问题的顺序。

（5）从总体上设计调查问卷的结构。

（6）送审与修改。

（7）试查。

（8）定稿和复制。

3．问卷设计技巧

（1）问卷内容的选择。调研人员设计调研问卷一般必须考虑到这样几点要求：必须选择对于某种市场调研目的最必要的问题；必须符合市场现象在一定时间、地点、条件下的客观实际表现；必须符合被调研者回答问题的能力和愿望。

（2）问卷形式的确定。调研问卷的问题有两种基本形式：开放式问题和封闭式问题。

所谓开放式问题是指所提出的问题并不列出所有可能的答案，而是由被调研者自由做答的问题。开放式问题一般提问比较简单，回答比较真实，但结果难以做定量分析，在对其做定量分析时，通常是将回答进行分类。

所谓封闭式问题是指已事先设计了有各种可能答案的问题，被调研者只能从中选定一个或几个现成答案的提问方式。封闭式问题由于答案标准化，不仅回答方便，而且易于进行各种统计处理和分析。但缺点是回答者只能在规定的范围内被迫回答，无法反映其他各种有目的的、真实的想法。封闭式问题的具体形式包括填空式、两项选择式、多项选择式、矩阵式。

（3）问卷顺序的设计。问卷问题顺序的设计应遵循以下原则：问题的安排应具有逻辑性；问题的安排应先易后难；能引起被调研者兴趣的问题应放在前面，开放性的问题放在后面。

（4）问卷表述的原则。问卷中问题的表述应遵循以下原则：每个问题的内容要单一，避免多重含义；问题的表达要具体，避免抽象、笼统；问题的表述语言要简短、通俗、准确；表述问题要客观，不能带有倾向性或诱导性；对于敏感性问题，不宜直接提问。

（5）问卷答案的设计。问卷问题答案的设计要遵循两条基本原则：一是互斥性原则，即同一问题若干答案之间的关系是相互排斥的，不能有重叠、交叉、包含等逻辑错误；二是完备性原则，即所列出的答案应包括问题的全部表现，不能有遗漏。

（6）问卷的版面设计。调查问卷的版面设计应遵循以下原则：外观要精美，适当的图案或图表会调动被调研者参与的积极性；内部要留出足够的空间以方便提问、回答、编码及数据处理；文中重要的地方应该加以强调，以引起被调查者的注意。此外，注意把同一份调查问卷装订在一起，以防止部分数据丢失。

二、抽样调查技术

在调研对象数量众多的情况下，要以最少的时间、费用与手续获得最佳的调研结果，就有赖于抽样调查。抽样调查是一种非全面调查，它是从全部调研对象中抽选一部分单位进行调查，并据以对全部调研对象做出估计和推断的一种调查方法。抽样调查虽然是非全面调查，但它的目的却在于取得反映总体情况的信息资料，因而可起到全面调查的作用。

1. 抽样调查的特点

抽样调查用科学的方法抽取出有代表性的市场调查样本，克服了全面市场调查的组织程序繁杂、调查内容多、费用高、时间长等缺点，也克服了重点和典型市场调查的主观随意性和样本代表性不强的弱点，具有较高的代表性和科学性，是比较科学和客观的一种调查方式。它具有明显的特点：抽取样本的客观性；抽样结果的准确性；抽样费用的经济性；应用范围的广泛性。

2. 抽样调查方式

抽样调查分为随机抽样调查和非随机抽样调查两种。

随机抽样调查就是在抽样过程中按随机性原则抽取样本，总体的每个单位都有同等被抽中的可能，即样本的抽取完全排除了人为主观因素的影响。随机抽样调查又具体分为简单抽样、分层抽样、系统抽样、整群抽样。

非随机抽样调查方式是指抽样时不遵循随机原则，而由调查抽样人员根据调查目的和要求，主观设立某个标准并按其从总体中抽选样本的抽样方式，一般有任意抽样、判断抽样、配额抽样和雪球抽样等。非随机抽样在选择样本时，由于加入了人为的主观因素，使得总体中每个单位（个体）被选出的机会是不均等的，是一种主观的抽样方式。

抽样调查的组织方式完全取决于调查研究的目的要求、调查对象的特点和客观的条件。凡是最经济、最省时而又能够满足预期精确度和可靠性要求的组织方式，就是一种好的组织方式，这也是抽样设计最根本的原则。

采用抽样调查要注意以下几点：第一，确定抽样对象，这是解决向什么人调研的问题，如要想了解家庭购买住房的决策过程，应调研丈夫、妻子还是其他成员；第二，选择样本大小，即调研多少人的问题；第三，确定抽样方法。

任务实施

【实训目的】

通过实训，学生深入理解营销调研策划的必要性，熟练掌握各种调研方法和调研技术，能够制订详细可行的市场调研计划并以团队合作为基础实施调研。

【实训内容】

1. 依据背景资料，进行案例分析。

2. 实训结束后以小组为单位，完成实训报告的撰写。实训报告要格式规范、内容完整、结构合理、层次分明、分析正确、策略得当。

【背景资料】

宝洁公司是如何做到以消费者为中心的

始创于 1837 年的宝洁公司，是世界上最大的日用消费品公司之一。宝洁公司曾在《财富》杂志 2015 年评选出的全球 500 家最大工业/服务业企业中，排名第 75 位，全美排名第 23 位，并被评为业内最受尊敬的公司。

1. 通过大范围、大力度、大成本的市场调研来做好基础性工作

宝洁公司 1923 年成立市场研究部，每年在 60 个国家研究超过 500 万的消费者，开展 15 000 个调研项目，花费 3.5 亿美元（约 22 亿人民币）用于市场调研，市场研究费用占销售额的 0.4%。目前，宝洁公司的中国市场研究部拥有了超过 100 人的专业市场研究队伍。宝洁公司还创立了包括消费者研究和调查访问的质量标准。

2. 建立"消费者村"来研究购买习惯

在美国俄亥俄州辛辛那提市郊区的工业区里有个超市，面积不大，货架上井井有条地摆放着五颜六色的瓶装及盒装商品。商品的种类并不多，只有一些肥皂、洗发水、护发素、洗衣粉、牙膏等日用品，一辆超市购物车孤零零地待在一个角落。超市里没有导购员，也没有收银台，客人参观后，管理人员马上就将房门锁上。原来这里并非正常对外营业的门市，而是美国宝洁公司消费者研究机构的一个组成部分。这个消费者研究机构的正式名称为"消费者村"，是宝洁公司专门研究消费者购物习惯与消费心理的场所。其研究成果将为公司进行产品和服务方面的创新提供重要的参考依据。

据宝洁公司所做的实验得知，研究消费者最好的场所，一是商店，二是家里。因此，宝洁公司根据这一思路设计研究场所，还斥资 8 000 万美元在中国建立了全球最大的创新中心。2010 年 8 月 19 日，这个宝洁创新中心在北京的顺义成立，在创新中心一层左侧，也设立了名为"消费者之家"的特殊区域，有很多被测试的产品都是 5～10 年后才上市的新品。宝洁公司认为，了解和理解消费者，仅仅做好研究工作或掌握具体的研究技巧是不够的，必须要将消费者置于整个公司及其品牌战略的中心位置。

3. 继续保持传统的家访式调研，积极探索大数据的分析

为了更加明确消费者的需求，宝洁公司依然要求采取家访的形式调研，根据其经验，这是很必要的。和消费者进行简单的座谈，他们可能不会说真话，如为了面子而不愿说自己是因为价格贵而不买，而会说不喜欢这种香型。而当研发人员切切实实和消费者生活在一起时，许多问题就都一目了然了。

宝洁公司也和百度公司共同成立了联合实验室，以研究消费者数据和行为。百度公司基于最真实的用户行为数据和多维度研究工具，帮助宝洁公司进行消费者画像，找到其地域分布、兴趣爱好、媒体接触点等背后隐藏的信息。而这些，也只是宝洁公司消费者调研中极小的一部分。大部分调研是在大楼以外的地方及网络上完成，调研人员的足迹遍布中国大部分城镇、乡村，甚至亚洲其他国家。

4. 让用户参与到产品的创新中来

2007 年，宝洁公司创办"联系与发展"英文版网站，将需要突破的难题放到网站上，寻找合适的合作伙伴，如今中文版也早已开通。在这个网站上，不仅能寻找合作伙伴，也可以向很多消费者征集创新的方案。

如今，宝洁公司中国区已有超过 50% 的研发项目是通过"联系与发展"网站实现的，甚至将来自于这个平台的一些颠覆性创新产品放在淘宝网上去卖，然后通过搜集信息，与买家们联系，做更精准的消费者调研。

资料来源：市场部网

【实训步骤】

1. 学生以营销策划小组为单位阅读材料。

2. 学生进行头脑风暴，分析宝洁公司是如何开展市场调研的？从这个案例你得到什么启示？

3. 学生讨论市场调研成功的关键因素。

4. 学生汇总大家的意见，编写案例分析报告。

5. 学生制作 PPT 文档。

6. 学生进行作业展示与交流。

【实训考核】

1. 考核内容：案例分析报告的质量、团队合作的能力、实训完成的时间。

2. 考核方法：首先由学生自评，然后由小组互评，最后教师综合评出小组成绩，在此基础上给出个人最终成绩。

任务三　组织实施调研

任务描述

前期的调研方案已经设计完毕，接下来将要运用调研技巧组织实施调研，调研结束后，还需要将搜集到的资料整理分析，为营销策划提供依据。通过完成本任务，学生能够组织开展营销调研活动并撰写调研报告。

相关知识

一、收集资料与开展调研活动

开展调研活动，调研人员必须收集资料。资料的准确程度与调研人员的素质和被调研者的状况有关，所以，企业应当选派有一定政治思想水平、懂业务、懂技术，又有一定调研经验的人员参加，必要时可对他们进行短期培训。

调研时，有的被调研者不予合作，调研人员必须设法妥善解决，或另找被调研者，或重新约定调查时间。运用实验法时，调研人员还必须考虑：怎样使实验组和控制组相匹配；在实验对象都在场的情况下，如何防止他们互相影响；如何用统一的方法对实验条件进行管理和控制外来因素。总之，采用每种调研方法都可能遇到困难，要尽可能排除干扰，按预定计划的要求收集资料。

根据设计的调研方案，由调研人员开展调研活动。在调研实施过程中要求调研人员严格按照操作规范，采用规定的调研方法实施调研；要求调研人员坚持求实的态度，发扬严肃认真的工作作风，认真、踏实地完成任务。调研人员在调研现场一般要对访问内容进行现场编校，迅速复查一遍问卷，发现有错误、遗漏之处应及时修正。企业在调研实施中还应控制现场访问质量，设立督导员岗位。督导员应对调研人员的工作态度和工作质量进行严格的检查。在开展调研活动时，督导员还应对所查结果进行复查，检查调研人员的访问质量，了解调研人员是否进行访问、访问时间及访问中主要问题的回答内容是否属实，发现问题要及时解决。

实时互动

某饮食集团已在广州市中心城区开设了4家酒楼，现计划在市郊新区再开设两家，请问需要搜集哪些资料？如何搜集？

二、分析结果与撰写调研报告

调研的最后一个阶段是对所得资料进行处理，根据分析结果编写调研报告，并将调研结果提供给决策部门参考。

营销调研报告的撰写是整个调研活动的最后一个阶段。调研报告是指用书面表达的方式反映市场调查过程和调查结果的一种分析报告，它是营销调研成果的集中体现。营销调研报告既可以书面方式向管理者或用户报告调研的结果，也可作为口头汇报和沟通调研结果的依据，亦可制作成多媒体演示课件，向决策者或用户进行演示、解说和沟通。

营销调研报告具有十分重要的作用。它应满足下列目标：解释调研原因、陈述调研内容、指明调研方法、展示调研结果、提出结论和建议。

1．调研报告的格式与构成

调研报告一般由以下几个部分构成。

（1）扉页。扉页是调研报告的封皮，包括调研报告的标题、调研单位和提出报告的日期。扉页设计既要规范，又要体现艺术性。

（2）摘要。摘要应简要说明调研的目的、调研对象、调研内容、时间、期限、调研范围、方式和方法，以及调研的主要结论。

（3）目录。如果调研报告的内容较多，为了方便读者阅读，应用目录的形式列出调研报告各部分、各层次的标题及所在的页码。

（4）序言。序言是调研报告的导语部分（开头），主要提出市场调研的问题，简要说明调研的过程和得出的调研结论。

（5）正文。正文是调研报告的主体部分，通常按事理划分为几个大的层次（部分），每个层次不再划分为若干个自然段。大层次通常设置分部标题，自然段通常在段首列示小标题，并用序号表示。

（6）结论和建议。结论和建议是调研报告的结尾部分，主要针对正文得出的调研结果和提出的问题，引出调研报告的结尾部分，提出解决问题的建议。

（7）附件。附件主要包括调研方案、抽样技术方案、调研问卷、数据整理表格、数据分析表格和其他支持性材料。

需指出的是，对于一些小型的市场调研项目来说，市场调研报告的格式一般要简化一些，通常只需要包括标题、序言、正文、结论和建议等几个部分。

2．调研报告的撰写流程

（1）准备调研报告。准备调研报告主要包括明确调研主题、构思调研报告（考虑报告的内容与结构层次）、取舍数据材料（包括一手数据材料和二手数据材料，要突出重点）、拟定报告提纲4项工作。

（2）撰写调研报告。

① 界定报告标题，标题应与调查内容相关，能突出主题。

② 设计报告封面，主要包括报告标题、调研单位和用户、调研日期。

③ 制作报告目录。

④ 撰写报告摘要，主要包括简要说明调研目的；简要说明调研时间、方法、地点、对象等；简要说明调研结论和建议。

⑤ 撰写报告引言，包括调研目的、调研的简要过程、调研的简要结论。

⑥ 撰写报告正文，主要包括调研结果的描述及分析；调研的最终结论及建议。

⑦ 完成报告附件，主要包括调研计划书、调查问卷、抽样方案等书面材料。

（3）修改调研报告。修改调研报告主要包括调整报告结构、修改报告语句、布局报告格式3项工作。

（4）提交调研报告。此阶段需要撰写报告提交函、制作报告幻灯片、解释调研报告。

任务实施

入户访问模拟演练

【实训目的】

通过模拟演练，学生掌握入户访问的基本技能，把握面谈访问的程序与方法，同时培养自信的心理素质，提高与人沟通的能力。

【实训内容】

1. 学生模拟入户访问流程。

2. 学生练习入户访问技巧包括如何入户、如何敲门、如何自我介绍、如何访问、如何结束访谈。

3. 学生总结入户访问注意事项。

【实训步骤】

1. 学生以营销策划小组为单位，自编、自导、自演入户访问短剧。

每组学生分 A、B 两队，A 队扮演访问者，B 队扮演受访者，受访人员可以是普通消费者，也可以是企业管理人员。其他学生作为观察员，记录反馈信息。

2. 扮演不同角色的学生了解自己的任务并进行准备，评委要准备评分标准，模拟入户的访问者要进行模拟入户的准备。

3. 学生模拟入户访问，要求角色扮演神态自然、举止文雅、模拟逼真。

4. 情境设计要有拒访情节，考虑受访者的不同态度及应对策略、排除障碍的方法。

5. 实训总结环节由学生谈入户访问的体会和感悟。

【实训考核】

1. 考核内容：情景设计合理、访问技能熟练、表演逼真自然。

2. 考核方法：各组上台表演，评委评价打分，小组评价、教师考评相结合。

项目小结

　　营销调研策划是进行其他项目策划的基础，任何项目的策划都要利用调研策划的数据。本项目通过专题讨论、案例分析明确市场调研策划是营销策划的起点和基础，通过模拟演练，模拟公司依据营销策划公司调研主题，拟定调研方案，并进行了设计调查问卷，开展市场调研，分析调研结果，撰写调研报告的学习。通过本项目的学习，学生进一步明确调研程序，熟练运用各种调研方法，为营销战略策划和营销战术策划的学习打下坚实的基础。

自我检测

一、单选题

1. 拟订市场调研方案是从（　　　）开始的。

　　A. 确定调研目的与内容　　　　　　B. 确定调研对象与方法

　　C. 设计调查问卷　　　　　　　　　D. 组织调研实施

2. 以下市场调研方法中，收集到的资料是二手资料的是（　　　）。

　　A. 直接询问法　　B. 观察法　　　C. 实验法　　　　D. 查阅文献法

3. 实施实地调研的第一步工作是（　　　）。

　　A. 人员培训　　　B. 试调研　　　C. 正式调研　　　D. 人员的招聘与配置

二、多选题

1. 调研方法主要有（　　　）。

　　A. 询问法　　　　B. 观察法　　　C. 实验法　　　　D. 问卷调查法

2. 市场调研的内容主要包括（　　　）。

　　A. 消费者调研　　B. 经销商调研　C. 零售店调研　　D. 技术调研

3. 每次市场调研的具体目的不完全相同，在市场调研之初，需明确的问题是（　　　）。

　　A. 为什么要进行这次调研　　　　　B. 什么时候开始这次调研

　　C. 要通过调研了解哪些情况　　　　D. 调研报告准备怎么写

三、简答题

1. 为什么说营销调研策划是营销策划的起点和基础？

2. 营销调研方案主要包括哪些内容？

3. 常用的调研技术有哪些？

技能训练

依据背景资料进行营销调研策划。

【实训目的】

通过实训，学生了解营销调研的全过程，掌握营销调研方案的策划、调查问卷的设计技巧，能够制订详细可行的市场调研计划并以团队合作为基础实施调研。

【实训内容】

1. 背景资料

广州某服饰公司欲开发一种新的休闲服装，但是面对国内休闲服装市场品牌众多、服装款式同质化现象严重、推广手段雷同的局面，公司决策层认为要取得产品开发与市场推广的成功，需要对目前的市场环境有一个清晰的认识，从现有市场中发现机会，做出正确的市场定位和市场策略。要求学生设计出可行的市场调研方案，撰写并提交市场调研计划书。

（1）企业资料。该公司是一家专门生产与经营休闲服饰的企业，该休闲服饰品牌在国内属于大众品牌，公司拥有较好的生产设备与技术人员，自动化水平较高，生产的服装销往全国各地，并在一些城市及较大的商场设有专卖店或专柜，企业的经营业绩处于稳定期。

（2）产品市场资料。公司新推出的产品属于男性休闲服装，市场上同类品牌的服装较多，市场竞争激烈，产品更新周期短，新产品上市快。但近年来，随着人们生活水平的提高，生活习惯在发生改变，休闲服装的销售势头看涨。

（3）消费者资料。穿休闲装的男士越来越多，且年龄分布趋于分散，职业特征不明显，对休闲服装的款式、质地等要求提高。

2. 设计市场营销调研方案

学生依据背景资料进行营销调研策划，设计出可行的市场调研方案。

【实训步骤】

1. 学生根据项目任务的要求收集市场调研资料，分析问题的背景，与决策者沟通交流的注意事项，进一步明确调研主题。

2. 学生召开座谈会，讨论调研内容、调研对象及抽样调查方法、经费预算、调研进度安排等。

3. 学生制作调查问卷，确定问题的内容、形式、措辞、排序等。

4. 学生制订市场调研方案，撰写市场调研计划书。

5. 学生制作 PPT 文档。

6. 学生作业展示与交流。

【实训考核】

1. 考核内容：市场调研方案及调查问卷的设计质量、团队合作的能力、实训完成的时间。

2. 考核方法：首先由学生自评，然后由小组互评，最后教师综合评出小组成绩，在此基础上给出个人最终成绩。

拓展训练

【游戏名称】

美丽景观。

【训练目标】

培养团队创新能力及团队合作中的角色分工与协作问题。

【实施步骤】

1. 学生以营销策划团队为单位组成小组，教师为每组成员准备一套材料（包括 A4 的纸 50 张、胶带 1 卷、剪刀 1 把、彩笔 1 盒）。

2. 教师要求每组成员在 30 分钟内，建造出一处优雅、美丽、富有创意的景观。

3. 教师要求每个组选出一个人来解释他们景观的建造过程，如创意、实施方法。

4. 由大家选出最有创意、具有美学价值及简单、实用的景观，胜出组可以得到一份小礼物。

【相关讨论】

1. 你们组的创意是怎样来的？

2. 在建造的过程中，你们的合作过程如何？大家的协调性如何？各人扮演什么角色？这一角色是否与他的平时形象相符？

项目三
营销战略策划

项目导入

王创和张丽经过前期大量的市场调研，对校园超市的经营环境、竞争态势、消费者的需求有了深入的了解，为此决定对校园超市进行重新定位和整体规划。他们清楚，在完成营销调研策划后，战略性的营销谋划和实施过程至关重要。

项目分析

营销战略策划是事关一个产品、项目或活动等营销全局大计的纲领性规划，在竞争激烈的行业市场，它基本上决定着企业的兴衰和成败。本项目主要设置了营销战略策划、市场定位策划、企业形象策划 3 个具体任务。

学习目标

知识目标

1. 熟悉营销战略策划的程序和工作要点。

2. 明确市场定位策划的关键与内容。

3. 掌握企业形象策划的方法与技术。

技能目标

1. 能够撰写战略性营销策划文案。

2. 具有市场定位策划的能力。

3. 具有企业形象策划的能力。

学习内容思维导图如图 3-1 所示。

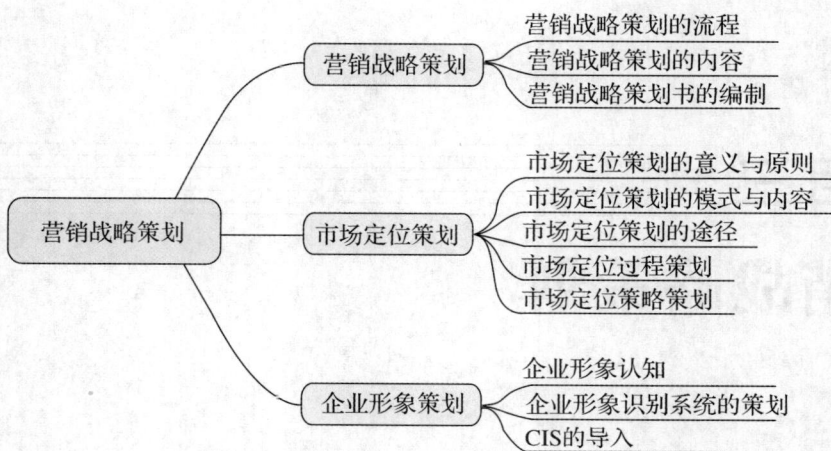

图 3-1　营销战略策划学习内容思维导图

任务一　营销战略策划

任务描述

营销战略的核心是把消费者的需求转化为企业的盈利机会。要实现这一转化，就需要企业设定正确的营销目标，选择正确的营销战略措施，并通过营销战略管理过程来实现营销战略目标。通过完成本任务，学生能够为企业进行营销战略策划，并完成营销战略策划方案。

相关知识

一、营销战略策划的流程

营销战略策划是企业为了实现一定的营销目标，在对企业的内外部环境和营销现状予以准确分析，并有效运用企业资源的基础上，对一定时期内的企业营销活动的目标、方针、战略、策略及具体实施方案的预先设计和谋划。营销战略策划具有总体性、指导性、长远性和创新性等特点。

1. 分析市场机会

市场机会是指市场上存在的尚未被满足或尚未完全被满足的需求。寻找和识别市场机会是市场营销管理过程的起点，也是企业制订市场营销战略的主要依据。但市场机会并不等于企业机会，只有当企业具备某些必要的成功条件时，市场机会才能变成企业机会。作为一个企业的决策者，最重要的是善于发现新的市场机会，选择市场机会，在国内外开辟新的市场。

2. 分析营销环境因素

市场环境的分析是企业制订市场营销战略的前提条件。市场营销战略策划实际上就是把企业自身的条件和企业外部的环境有机结合起来，并从中选择一个最佳的行动方案。因此，除对市场环境进行分析以外，还要对企业的自身条件进行分析。企业在对主、客观条件进行分析时，必须注意以下两个问题。

第一，要用广阔的经营观念看待企业的生存条件。狭隘的经营观念必然导致企业以生产为中心而不是以市场为中心。企业如果把眼光放在生产上而非市场需求上，则必然会产生短期的经营行为，而忽略企业的长远发展。

第二，充分利用企业现有的资源。企业的战略目标最好是在有效利用现有资源的情况下来完成。这样，增加产品销售量的同时也不会增加成本，有利于提高产品的竞争力，增加企业成功的机会，避免或减少风险。

3. 策划企业的营销目标

企业的营销目标是指在一定时期内企业营销活动要达到的目的。企业主要的营销目标有销售额、利润、市场占有率、销售增长率等。企业在制订营销战略目标时，要注意目标必须具体，要能用数量指标表达，并且符合企业的资源情况，切实可行。

4. 策划实现营销目标的执行方案

营销目标确定以后，营销战略策划者就要为企业制订出几套可供选择的可以实现预定营销目标的方案，并对方案进行分析、比较、研究，从中选出一个最优方案。选择方案是否合理，要以未来结果的预测和判断为先决条件。而对未来结果的预测和判断，可能出现以下几种情况：一是方案中的各项指标都能达到预期目标，方案是正确的；二是方案中的一部分指标不能达到预期目标，方案本身存在着一定的风险性；三是方案的目标是个未知数，这种方案就是不确定的，在目标确定时，要尽量减少未知数。

5. 方案的实施与控制

选出最优方案以后，下一步的工作是方案的组织实施与控制。市场营销战略方案的制订只是企业整个市场营销活动的开始，应很好地对其进行组织实施，并尽一切努力来解决战略方案实施过程中遇到的问题，从而保证营销战略方案的顺利实现。下面的小故事正说明了这一点的重要性。

营销故事

老兔子和小兔子

森林里住着两只兔子。有一天，一只小兔子正在疯狂地奔跑，老兔子看到了，不解地问他为何这样匆忙。小兔子喘着气停下来，奇怪地反问道："难道您不知道狩猎季节已经到了吗？"老兔子像父亲一样注视着小兔子，语重心长地说："小伙子，如果你只是为这件事烦恼，我倒有个解决的方案。那就是把自己变成一棵大树，猎人就会从你身边走过去，不再开枪打你，因为他们把你当成一棵树。""真是个绝妙的好主意！"小兔子说，"为什么我以前就没有想到呢？如果是那样，猎人就会走过去，一点也不会注意到我。非常感谢！"老兔子接着走自己的路，忽然又听到小兔子在后面紧张地问："可是我怎样才能把自己变成一棵树呢？"老兔子又停下来，耸耸肩膀，冷冷地回答道："小伙子，我已经给了你一个好主意，你应该感谢我，不要再拿这些细节的问题来烦我了。你应该自己解决。"

二、营销战略策划的内容

1. 营销战略目标和战略方案的选择与策划

战略目标是企业在战略思想的指导下，在战略时期内企业全部市场营销活动所要达到的总体要求。它规定着企业市场营销活动的总任务并决定企业发展的行动方向。依据不同的战略问题，市场营销战略有不同的战略目标。其共性目标有市场开拓目标、市场创新目标、销售增长率目标、市场占有率目标和实现利润目标等。

战略方案是实现市场营销目标的行动方案，它的制订是一项重要而复杂的工作，涉及企业各部门和营销活动的各个环节，并受企业经营环境系统、市场供需变化及内部条件的各种相互联系又相互作用的因素的影响。

2. 营销战略类型的选择与策划

以主动地适应外部环境和能动地改变外部环境为依据，市场营销战略可以划分为以下两种类型。

（1）市场开拓战略。市场开拓战略（也称市场拉动战略）是指企业为适应市场需求的变化，在一定时期内采取的市场开拓经营总体设计。市场开拓战略又可分为市场渗透战略、市场开发战略和产品开发战略3种类型。市场渗透战略是企业以现有产品固守现有市场，通过广告宣传和多种促销手段提高市场占有率。市场开发战略是企业以现有产品开发新市场，包括开发国内新市场和国际市场，以及开发产品的新用途。产品开发战略是企业向现有市场提供新产品，增加新品种，提高市场占有率。

（2）市场创新战略。市场创新战略（也称技术推动战略）是指企业开发新产品和服务、开辟新市场及扩大企业市场占有率的一种战略。很多企业生产同类产品，市场供应远大于市场需求，市场竞争异常激烈，此时，企业可采用这种战略。

企业推行市场创新战略的基本条件是具有技术创新和产品创新能力；具有引发相关潜在需求和推销新产品的能力，以及具有新产品市场营销组合策略的能力。实行市场创新战略主要是挖掘消费者的潜在需求，用新产品去创造新市场，使消费者某种不明确的需求变成具体的购买欲望，企业从中挖掘出潜在的市场，并且提高产品质量、创立品牌和提供优质服务，扩大市场占有率。

三、营销战略策划书的编制

1. 营销策划书的封面

封面主要包括策划书的名称、策划机构或策划人的名称、策划完成日期及本策划书适应的时间段、保密等级等内容。

2. 目录和前言

目录实际上就是营销策划书的简明提纲。前言一方面是对策划内容的高度概括性表述，另一方面在于引起阅读者的注意和兴趣。

3. 策划书的正文

营销策划书的正文内容如表 3-1 所示。

表 3-1　　　　　　　　　　　营销策划书的正文内容

正文结构	具体内容
策划目的	—
当前的营销环境分析	包括宏观环境分析、行业分析、竞争分析、企业自身及营销情况分析、消费者分析
SWOT 分析	包括优势、劣势、机会和威胁 4 个方面的分析
营销目标	包括财务目标和营销职能目标
营销战略	包括营销宗旨、市场细分、目标市场的选择和市场定位
营销组合策略	包括产品策略、价格策略、分销渠道策略和促销策略
行动方案	—
策划方案各项费用预算	—

✉ 任务实施

【实训目的】

通过实训，学生深入理解营销战略策划的必要性，熟练掌握营销战略策划的方法和技术，能够为企业制订切实可行的营销战略策划方案。

【实训内容】

1. 依据背景资料，进行案例分析。

2. 实训结束后，学生以小组为单位，撰写实训报告。实训报告格式规范，内容完整；实训报告结构合理、层次分明；实训报告分析正确、选择策略要得当。

【背景资料】

"海底捞"不可复制的营销战略

海底捞是一个全国连锁的火锅店，全名为四川海底捞餐饮股份有限公司。该公司成立于 1994 年，是一家以经营川味火锅为主、融汇各地火锅特色于一体的大型跨省直营餐饮民营企业。公司自成立之日起始终奉行"服务至上、顾客至上"的理念，以贴心、周到、优质的服务迎来了纷至沓来的顾客和社会的广泛赞誉。公司高举"绿色、健康、营养、特色"的大旗，致力于在继承川味原有的"麻、鲜、香、脆"的基础上，不断开拓创新，以独特、鲜美、营养的口味和营养、健康的菜品赢得了顾客的一致推崇和良好口碑。

海底捞的根本目的：创造公平、公正的工作环境，实现双手改变命运，培养出更多的优秀人才，进而实现将海底捞开遍全国的梦想。

海底捞将"付出就有回报"这个公理诠释成双手改变命运。经过努力，个人可以得到不断的成长和进步，公司也会因员工的成长和进步在公平、公正的竞争环境下不断为他提供施展才能的舞台。海底捞一直选择从内部选拔和培养员工，站在利他思维的高度，为那些没有背景的农村孩子提供改变命运的机会。

海底捞的价值主张：为顾客提供优质的服务。

海底捞在每个细节上都力求完美，如擦鞋、美甲、儿童乐园、捞面等我们常见的特色服务。另外，服务员会为感冒或不舒服的顾客提供一杯热气腾腾的姜汁可乐，像对待自己的亲人一样嘘寒问暖；为戴眼镜的顾客提供眼镜布；为长发的女顾客提供一个专门用来扎头发的橡皮筋。这些细节服务，在海底捞很常见。也许大家看到都是一些鸡毛蒜皮的小事，但只要你仔细观察，会发现这些服务都上升到了人性内在或潜在需求的层次，也就是菲利普•科特勒所著的《营销革命3.0》中的观点。海底捞的员工也许并不清楚这就是营销3.0，但这些服务却是上升到了人文关怀层面的3.0时代的营销。

海底捞的目标客户：为广大家庭消费和朋友聚餐提供良好的就餐环境。

海底捞是大众消费，但大众消费有许多种，海底捞将自己定位成"为广大家庭消费和朋友聚餐提供良好的就餐环境"。既然是家庭消费，顾客往往会带孩子过来，于是海底捞提供了游乐园、婴儿床等特殊服务；既然是朋友，就有爱美之人，于是海底捞提供了美甲、擦鞋等服务。家人和朋友聚餐，讲的就是亲情、友情，因此海底捞员工会亲切地称顾客为哥、姐、叔叔、阿姨、小弟弟、小妹妹……在海底捞内部，员工之间或员工与管理层之间都没有职位和头衔之称，都是以"哥哥""姐姐"相称，这种亲情的氛围无疑为更好地服务于目标客户群提供了很好的保证。一个内部员工之间都很别扭的企业，怎么可能为顾客提供亲情化的服务呢？

海底捞成功的衡量指标：员工满意度和顾客满意度。

海底捞对各个门店的考核依据是员工的满意度与顾客的满意度，而不是财务指标。虽然有的店收益好，但可能是因为其位置、品牌、客源等很多方面的因素；有的店收益差也可能是因为选址等因素。所以，如果一味地按收益来考核，就会让一些努力工作的人看不到希望。而员工满意度和顾客满意是硬指标，员工满意度方面的人才的培养、员工的情感关怀及员工的衣、食、住、行；顾客满意度方面的服务水平、员工激情度、顾客回头率、服务案例等不会因为店的选址等不一样而存在差距，而只关系到管理层做得好与坏。

资料来源：职业餐饮网

【实训步骤】

1. 学生以营销策划小组为单位阅读材料。

2. 学生分析海底捞的营销战略与策略。

3. 学生进行一次头脑风暴，分析海底捞成功的关键因素，从这个案例你得到什么启示？

4. 学生汇总大家的意见，编写案例分析报告。

5. 学生制作PPT文档。

6. 学生作业展示与交流。

【实训考核】

1. 考核内容：案例分析报告的质量、团队合作的能力、实训完成的时间。

2. 考核方法：首先由学生自评，然后由小组互评，最后教师综合评出小组成绩，在此基础上给出个人最终成绩。

任务二　市场定位策划

任务描述

定位制造差异，定位创造竞争优势。市场定位策划是通过策划为企业在目标市场上确定独特的形象，明确竞争优势的行为。市场定位策划是市场营销战略策划的前提，是市场营销战术策划的依据和基础，是营销策划的核心内容。通过完成本任务，学生能够为企业进行产品定位策划、市场定位策划和企业定位策划。

相关知识

一、市场定位策划的意义与原则

企业营销策划的重要任务之一就是要找到自己的目标市场，然后根据目标市场的特点来确定营销方案，这就是企业的市场定位策划。

1. 市场定位策划的意义

市场定位策划在企业营销策划中占有重要位置，是市场营销组合策划的基础。市场定位策划能创造差异，有利于增强企业的竞争能力，是营销策略策划的前提。市场营销组合策划是企业占领目标市场、进行市场竞争的基本手段，是市场定位战略策划的具体战术。市场定位策划是整合市场传播策划的依据。整合市场传播策划的最大优势在于用多样化的传播或促销手段向目标市场传达同一诉求，实现各种传播资源的合理配置，从而以相对较低的投入产出较高的效益。市场定位策划有助于树立企业及其品牌形象，以市场定位为依据，以在顾客心目中创立企业产品或品牌的特定形象为中心，是一种十分有效的方案及措施。

小案例

提起脑白金，可能无人不知，但是提起美乐托宁或松果体素，可能知道的人就很少了。美乐托宁1984年传入中国，一直到1997年从来没卖火过。1997年，史玉柱将其重新定位包装成脑白金，销量火爆，1997～2005年的销售额突破70亿元。

现在，在中国，如果谁提到"今年过节不收礼"，任何一个人都能接着说"收礼只收脑白金"。脑白金已经成为中国礼品市场的第一代表。

作为单一品种的保健品，脑白金以极短的时间迅速启动市场，并登上中国保健品行业"盟主"的宝座。其成功的最主要的因素在于找到了"送礼"的轴心概念。

现在"脑白金就是用来送礼的"这种观念已深入人心，很多人提到礼品就想起脑白金。脑白金的成功，关键在于它定位于庞大的礼品市场。脑白金先入为主地得益于"定位第一"的法则，第一个把自己明确地定位为"礼品"——以礼品定位引领消费潮流。

"送礼"是脑白金在保健品中以定位法则取胜的法宝，礼品已成为脑白金给消费者最清晰的印象定位。脑白金礼品概念的占位策略，实属营销领域的一个成功典范。

2. 市场定位策划的原则

营销人员进行市场定位策划需要遵循以下3个基本原则。

（1）可入性原则。可入性原则是指在营销策划中的目标市场是可以进入的，否则它就不能成为本企业的目标市场。

（2）现实性原则。现实性原则是指作为市场定位的细分市场必须是现实的、可操作的，而不能仅仅是从理论上分析存在的那种市场定位。

（3）价值性原则。价值性原则是指作为市场定位的目标市场必须有可开发的价值。

营销人员进行市场定位策划要考虑以下3个问题：第一个问题是作为定位市场，企业能否从中获取利润；第二个问题是作为定位市场，它是否具有相对的稳定性，使企业在占领该市场后相当长一段时间内不需要改变目标；第三个问题是定位市场是否适应企业扩大发展的要求。

二、市场定位策划的模式与内容

1. 市场定位策划的模式

市场定位的模式包括统一定位模式、集中定位模式和差异定位模式。

（1）统一定位模式。统一定位模式不进行市场细分，而是将公众作为目标市场推进营销。这种定位方式普遍用于物资匮乏、产品供不应求的卖方市场时代，目前只有那些顾客需求无差异的产品（如食盐）的销售还采用这种定位模式。这种定位模式的优点是可以降低生产成本，节约销售费用。

（2）集中定位模式。集中定位模式是指针对某一特定的细分市场开发的特定产品，策划制订特定的营销方案。很多资金实力有限的企业无法在一个大市场上争取到自己的份额时，便可采取集中定位模式，在某一个或者几个小的细分市场上取得独占地位或较大的市场占有率。这种定位模式的优点是能减少市场竞争、节约资金。其缺点是风险较大：一是市场开辟风险较大，因为一般没有十足的把握保证新开辟的市场启动成功；二是市场维系风险较大，因为集中定位的市场一般都比较小，即便启动成功，也可能会因市场环境的变化而损失惨重。

（3）差异定位模式。差异定位模式是企业针对多个细分市场分别设计不同的产品和不同的营销方案来占领这些细分市场。这是目前企业普遍采用的一种定位模式，也称多角化定位模式。这种模式的优点是可以增加销售总额，因为不同的细分市场所占的份额可以构成可观的销售总额；也可以化解企业经营风险，因为企业命运并不维系在一个细分市场上。但这种模式也有缺点：一是增加了经营成本，因为要维持各个细分市场的产品生产和销售，这无疑将增加产品的生产、营销、改进、发展和存货的成本；二是市场比较脆弱，因为在各个细分市场都要占有一席之地，因而其份额一般都不大，很容易被别人从细分市场上挤掉；三是市场开拓深度不够，因为资金分散于各个细分市场，因而很难集中资金对某个细分市场进行深入开发。

小案例

我国香港各家银行定位如下。

汇丰银行：患难与共，伴同成长。旨在与顾客建立同舟共济、共谋发展的亲密朋友关系。恒生银行：充满人情味，服务态度最佳的银行。通过走感情路线赢得顾客心。

渣打银行：历史悠久，安全可靠的银行。

中国银行：有强大后盾的中资银行（民族牌）。

廖创兴银行：助你创业、兴家的银行。

2. 市场定位策划的内容

市场定位策划的内容可分为产品定位、市场定位和企业定位等。

（1）产品定位。产品定位是在营销策划时确定产品各种属性的位置、档次。其具体包括产品的质量定位、产品的功能定位、产品的造型定位、产品的体积定位、产品的色彩定位、产品的价格定位等。

（2）市场定位。市场定位是确定产品进入的目标市场。在进行营销策划时，首先必须进行市场定位，只有确立了目标市场，才能考虑推出与其相适应的产品。市场定位的内容如表 3-2 所示。

表 3-2　　　　　　　　　　　　　　　市场定位的内容

内容	详细信息
地域定位	考虑本企业产品的市场区域是世界范围、全国范围还是本地范围，是北美、东南亚还是其他地区等
气候定位	产品在什么气候类型的地区销售，是北方地区还是南方地区，是少雨干燥地区还是多雨潮湿地区等
性别定位	产品是男性用还是女性用，是两者兼用还是男女有所偏重
年龄定位	不同年龄段的消费者对产品的要求往往有较大的区别，只有充分掌握和利用这些特点，才能赢得各个年龄层次的消费市场
层次定位	不同阶层的消费特点也会有所不同，通过阶层划分来确定自己的目标市场也是市场定位的一个重要因素，阶层定位可以按知识层次、收入层次、职位层次等标志进行多种划分
职业定位	这种定位除了按工人、农民、学生等明显不同的职业区分外，更应善于划分那些不太明显的职业，如城镇职工既有第一线操作工人，也有商店营业员，还有公司办公室职员等
文化定位	不同地区、国家、民族有着不同的文化，市场定位应充分考虑不同文化对产品需求的不同特点
个性特点	考虑把自己的产品销售给具有怎样个性的消费者

（3）企业定位。企业定位是对产品定位、市场定位的强化。它通过企业在市场上塑造和树立良好的形象，形成企业的魅力，并产生"马太效应"，推动营销活动。企业定位一般要通过独特的产品、独特的企业文化、企业的杰出人物、企业环境和公共关系这几个方面进行。

产品定位、市场定位与企业定位分别是 3 个不同的层次。产品定位是基础、前提，企业定位是完成整个企业营销定位的最后阶段，市场定位则是居于二者之间、承前启后的中间阶段。市场定位与产品定位、企业定位存在着相互重叠、相互影响、相互依赖的内在联系。企业营销定位策划需要各个方面的通力合作和相互照应，为最终实现共同的目标而努力。

三、市场定位策划的途径

确定产品的特色、让本企业的产品与市场上的其他竞争者有所区别，这是市场定位策划的根本出发点。要做到这一点必须进行创新策划，强化产品的差别化。一般来说，产品差别化策划可以从以下几个方面进行。

1. 通过产品实体的创新体现产品的差别化

企业通过产品实体的创新体现产品的差别化，即使产品在功能、质量、构造、外观、包装等方面与其他企业生产的同类产品有所差异。同一产业内不同企业所生产的产品，虽然其用途基本相同，但其在设计、构造、功能、包装等方面，可以通过不同的创新形式形成产品的差别化，从而赢得购买者的偏好。例如，改进产品的质量，完善产品的使用性能；改进产品的特性（在产品的大小、重量、材料或附加物等方面做改变）；增加产品的某些属性，扩大产品的适用性；改进产品的款式和包装，增加产品的美感等。

实时互动

如果你是一个计算机厂商，你将如何为自己生产的笔记本电脑进行定位？说明原因。

2. 通过服务创新实现产品的差异化

通过服务创新实现产品的差异化，即企业除向购买者提供产品外，还可向买方提供信息、服务、维修乃至信用资助等，在服务上形成产品差异化。例如，通过安装培训、调试、使用指导、分期付款、良好的维修服务和质量承诺等服务手段实现产品差异化，使购买者产生对本企业产品的偏好，从而提高企业产品的市场占有率。财力较弱、行动迅速、反应灵敏的中、小企业，在这方面的创新空间更为广阔。

3. 通过信息传递实现产品的差别化

通过信息传递实现产品的差别化，即企业通过文字、图像、声音等媒体，利用各种传播手段，将有关的特征等信息传递到目标市场，让顾客感受到本企业的产品与同类产品的差异，从而在顾客心目中树立该产品与众不同的形象。

四、市场定位过程策划

市场定位过程策划是指企业明确其潜在的竞争优势、选择相对的竞争优势及显示其独特竞争优势的方案及措施。

1. 明确潜在的竞争优势

明确潜在的竞争优势要求一个企业从以下 3 个方面寻找明确的答案。

（1）目标市场上的竞争者做了什么，做得如何？

（2）目标市场上的顾客确实需要什么，他们的欲望满足得如何？

（3）本企业能够为此做些什么？

2. 选择相对的竞争优势

相对的竞争优势是一个企业能够胜过竞争者的能力，有的是现有的，有的则是具备发展潜力的，还有的是可以通过努力创造的。简而言之，相对的竞争优势是一个企业能够比竞争者做得更好的方面。

3. 显示独特的竞争优势

选定的竞争优势不会自动地在市场上显示出来，企业要进行一系列活动，使其独特的竞争优势进入目标顾客的心中。应通过自己的一言一行，表明自己的市场定位。要做到这一点就必须进行创新策划，强化本企业及其产品与其他企业及其产品的差异性，主要包括创造产品的独特优势、创造服务的独特优势、创造人力资源的独特优势、创造形象的独特优势等。

五、市场定位策略策划

1. 针锋相对的定位策略

针锋相对的定位策略，又称竞争性定位策略，即在目标市场上，企业与现有的竞争者靠近或重合。采用这种策略时，企业要与竞争对手争夺同样的目标消费者，并且其在产品、价格、分销及促销等方面基本没有差别。

小案例

美国可口可乐与百事可乐是两家以生产销售碳酸型饮料为主的大型企业。可口可乐自 1886 年创建以来，以其独特的味道扬名全球，使其"同胞兄弟"百事可乐在第二次世界大战前仍望尘莫及。第二次世界大战后，百事可乐采取了针锋相对的策略，专门与可口可乐竞争，把自己置身于"竞争"这个独特的市场定位中。半个多世纪以来，这两家公司为争夺市场而展开了激烈的竞争，而他们都以相互间的激烈竞争作为促进自身发展的动力及最好的广告宣传，百事可乐借机得到迅速发展。1988 年，百事可乐荣登全美十大顶尖企业榜，成为可口可乐强有力的竞争对手，应该说这与百事可乐借名创名的市场定位策略是密不可分的。当时的百事可乐总裁罗杰·恩瑞将竞争定义为"未必要打倒敌人"。事实正是这样，通过这场旷日持久的饮料大战，可乐饮料引起了越来越多消费者的关注，当大家对百事可乐、可口可乐之战兴趣盎然时，双方都是赢家，因为喝可乐的人越来越多，两家公司都获益匪浅。

2. 填补空隙策略

填补空隙策略也叫避强定位策略，是企业尽量避免与实力较强的其他企业直接发生竞争，而将自己的产品定位于另一市场区域内，使自己产品的某些属性或特性与较强的对手有比较明显的区别。在金融业兴旺发达的我国香港特别行政区，"银行多过米铺"这句话毫不过分。在我国香港，各银行使出全身解数，走出了一条细分市场、利用定位策略、突出各自优势的道路，使香港的金融业呈现出一派百家争鸣、百花齐放的繁荣景象。

3. 重新定位策略

重新定位策略是企业对已经上市的产品实施再定位。采用这种策略的企业必须改变目标消费者对其原有的印象，使目标消费者对其建立新的认识。一般情况下，这种定位的目的在于摆脱困境，重新获得增长与活力。

小案例

美国强生公司的洗发液由于产品不伤皮肤和眼睛，最初定位于婴幼儿市场，曾畅销一时。后来由于人口出生率下降，婴幼儿减少，产品逐渐滞销。经过分析，该公司决定重新将产品定位于年轻女性市场，突出介绍该产品能使头发松软、富有光泽等特点，吸引了大批年轻女性。

企业通常可采用的定位方法有4种：根据产品的属性及利益定位；根据产品或服务的质量与价格定位；根据产品的不同用途定位；根据企业的竞争地位定位。

企业应根据自身的条件正确选用市场定位的方法。值得一提的是，企业还应确立动态的市场定位思想。企业的市场定位不是一成不变的，当企业的外部环境及内部条件发生变化时需要重新进行市场定位。

实时互动

目前，我国食品行业问题不断，使同类企业及产品销售大受影响。请思考国内其他品牌液态奶、奶粉、火腿肠的生产企业应该如何重新定位？

市场定位应注意的问题是避免定位过低、定位过高、定位模糊与混乱、定位令人怀疑。

总之，市场定位实际上是一种竞争策略，是企业在市场上寻求和创造竞争优势的手段，要根据企业及产品的特点、竞争者及目标市场的消费需求特征加以选择。实际营销策划中往往是多种方法结合使用。

任务实施

【实训目的】

通过模拟演练，学生进一步了解营销战略策划的内容，掌握市场细分的原则、方法和步骤，能够成功地进行目标市场策划和市场定位策划。

【实训内容】

1. 背景资料

"美丽"化妆品公司由王老师一手创办，主要生产和销售4种产品："美丽"祛痘霜1型（56元）、"美丽"祛痘霜2型（56元）、"美丽"疤痕修复霜（58元）、"美丽"祛痘洗面奶（26元）。由于王老师常年在学校教学，比较熟悉学校的消费环境，加之大学生聚集度高，且正是产品的需求者，因此他决定以该市高校为"桥头堡"，走"学校辐射社会"的路线。

尽管市场上的祛痘产品并不少，而且存在强势品牌，但对于大学生这个细分市场来说，还鲜有企业精耕细作。于是"美丽"化妆品公司把握先机，广告先行，顺利铺货，进入市场的登陆战告捷；紧接着投放大量广告，同时开展新品促销活动，产品知名度大大提升。第一个月的战绩令王老师大喜过望，在这个区区万余人的大学中，营业额竟高达 1 400 元。兴奋之余，王老师决定继续加大广告投放，提高终端回访频率，加强客情联络。而第二个月的业绩却令其大跌眼镜，营业额竟下降至 800 元。考虑到第一批尝试购买者及产品的消费周期，王老师并不怎么着急。但接下来几个月的营业额始终徘徊在400～500 元，有一个月甚至下降至 100 元以下。即使后来公司对产品进行大幅降价，也于事无补，最后只好将产品悄悄撤出该大学市场。

2. 角色任务

"美丽"化妆品公司为什么会兵败某大学市场？如果现在请你出任"美丽"化妆品公司的营销顾问，你认为应该采取什么营销措施才能起死回生？

【实训步骤】

1. 学生以营销策划团队为单位，阅读参考资料。

2. 学生根据情景模拟题目展开讨论。

3. 学生构思策划过程、策划内容和实施步骤。

4. 学生代表进行展示评价，参加班级比赛。

教师注意精心组织、妥善安排，特别是要让进行角色扮演的学生提前预演，避免怯场。角色扮演采取轮流扮演制，力争让每个学生都有机会得到各种角色锻炼。

【实训考核】

1. 考核内容：相关资料准备得是否充分、情景模拟是否神态自然、角色扮演是否逼真、团队合作的能力。

2. 考核方法：由学生组织评审团，评定分析情景模拟过程，最后教师综合评出小组成绩，在此基础上给出个人最终成绩。

任务三　企业形象策划

任务描述

企业形象策划是一个系统工程，它需要企业全方位地开展工作。通过完成本任务，学生能够对企业的经营理念进行清晰界定，并将这一理念贯穿于各种行为活动、视觉设计之中，使社会公众对企业认知、认同，以树立良好的企业形象。

相关知识

一、企业形象认知

企业形象是社会公众对企业的总体看法和综合评价，它是企业外观形象与内在气质在公众心目中的一种综合反映。其构成可以分成外表要素（如企业的名称、规模、建筑物、产品结构、质量等)、行为要素(如企业的宗旨、行为规范、价值观、技术状况等)和体制要素(如企业的经营机制、销售渠道、组织结构、管理方式、经营理念等和个人地位、所在群体、职业等)3 类。企业形象从管理的角度来分类,可以将其划分为以下几个方面的构成要素。

1. 员工形象

员工是完成企业工作的主体,是塑造和传播企业形象最活跃的决定性因素,也是企业形象的代表者和展示者。因此,塑造员工形象是塑造企业形象的基础。塑造员工形象的主要途径有 3 个:一是要提高员工的整体素质,让员工注意不断提高自身修养与素质,认识到形象塑造的重要性,自觉成为企业形象的塑造者和代表者;二是培养员工的敬业精神,使员工养成对事业执著追求和对工作一丝不苟的品质,自觉地把自己的前途命运与企业的发展紧密联系起来;三是鼓励员工培养高尚的道德情操、不断进取的精神和健康向上的价值观,使企业形成蓬勃向上的活力。

2. 领导形象

领导形象,即公众对企业领导者的总体看法和评价。它包括领导者的仪表、气质、工作方法、工作作风和交际方式等外在形象,以及理论水平、决策能力、创新精神、信念和意志力等内在素质形象。

3. 产品形象

产品包括物质产品和精神产品。物质产品形象要求实用、新颖、规格齐全、价格合理;精神产品形象要求健康、生动和富有活力。产品形象是企业形象最直观、最具体的代表,是公众认识企业形象的第一个接触点,在塑造企业形象中具有十分重要的作用。

4. 服务形象

服务形象的塑造主要有以下途径:一是树立优质服务的意识,它要求企业全体员工牢固地树立起以为顾客提供优质服务为荣的观念,将自己的一切活动和工作都视为自己为公众提供服务的机会;二是要配置完善的服务设施和条件,保障为消费者提供优质服务。

5. 竞争形象

塑造企业竞争形象的目标,就是要将企业塑造成遵守竞争规则、注意相互合作、相互理解和公平竞争的形象。

6. 信誉形象

对于企业而言,信誉是其重要的无形资产,能够为企业带来高于正常投资报酬的利润。信誉形象塑造的目标是让企业在公众心目中树立一种恪守信用、对公众负责、勇于承担社会责任的良好形象。

7．环境形象

环境形象的塑造也是企业形象塑造的重要方面。环境形象塑造的目标，是为企业塑造出一种优美高雅、整洁有序、个性鲜明的环境形象。

实时互动

请列举软饮料市场中著名的产品、品牌和企业形象定位策划的个案。

二、企业形象识别系统的策划

企业形象识别系统（Corporate Identity System，CIS）是由理念识别系统（Mind Identity，MI）、行为识别系统（Behaviour Identity，BI）、视觉识别系统（Visual Identity，VI）3个要素构成。

在CIS中，企业的理念识别系统（MI）是企业在长期发展中逐渐形成的基本精神和具有独特个性的价值体系，即企业的经营思想、企业精神、企业价值观等，它是企业宝贵的精神财产和不断发展的原动力。行为识别系统（BI）是企业在经营理念的指导下形成的全体员工自觉的行为方式和工作方式，包括企业对内的管理和对外的公关与经营等活动。最后，通过组织化、系统化、统一性的视觉识别系统（VI），将MI和BI的信息表征化为一个简单的视觉符号，如商标、厂牌、图案文字或者一种统一的色彩、音乐和歌曲等，突出企业的个性，塑造出独特的企业形象，并通过各种传播媒介辐射到公众，形成公众对企业的特别印象和感受，产生对企业的信赖和偏爱。

MI、BI和VI三者之间的关系可以这样表述：理念识别系统（MI）是CIS的中心，它直接关系到企业的发展方向和前途，直接关系到CIS战略计划能否顺利实施；它还是BI和VI的依据，也就是说，BI和VI的策划都是以MI为依据进行的。BI是MI的具体表现，即理念识别的经营宗旨、经营方针和企业精神等，都要通过BI的一系列行为将其具体化和进行实践，没有BI，MI只能付诸空谈。VI的主要作用是将抽象的精神理念和具体的行为活动差别，通过视觉形象表达出来，并进行广泛的传播，达到让消费者识别、记忆、认可的目的。可见，三者都是CIS不可缺少的部分。但是，在具体实施时，可以分别对三者进行策划。

1. 理念识别系统（MI）策划

理念识别系统（MI）是企业独特的文化和价值观，它包括企业的经营思想、企业精神、企业文化、企业价值观念和企业目标等内容。它一般以经营宗旨、经营方针、精神标语或者座右铭表现出来。它具有导向性，可以影响和引导一个企业的行为方向；它具有渗透性，一旦某种理念被企业成员所共识，企业就能有效地运转；它还具有强化性，可以对企业成员产生激励作用，促使他们努力完成工作任务。理念识别系统的策划与开发，可以通过以下 3 条途径实现。

（1）培育具有个性的企业精神。企业精神是整个企业运作的精神支柱，是企业在长期的生产经营活动中形成的，并为全体员工所认同和信守的理想目标、价值准则、意志品质和风格风尚。因此，企业精神不仅是一种有个性的精神，还是一种团体精神，反映了企业的凝聚力和活力的强度，它一旦扎根于员工心中，就会形成默契、共识和觉悟。企业精神一般通过简明扼要、明了具体的文字命名。

小案例

日本的松下公司，其企业精神体现在松下 7 精神、松下纲领、松下信条和松下哲学 4 个方面。

① 松下 7 精神：产业报国精神、光明正大精神、友好一致精神、奋斗向上精神、礼节谦让精神、适应同化精神、感激报恩精神。

② 松下基本纲领：认清我们身为企业人的责任，追求进步，促进社会大众的福利，致力于社会文化的长远发展。

③ 松下员工信条：唯有本公司每一位成员同心协力、精诚团结，才能促成进步与发展，我们每一个人都要记住这一信条，努力使本公司不断进步。

④ 松下经营哲学：坚定正确的经营观念，自主经营、堰堤式经营、量力经营、专业经营、靠人经营、全员式经营、共存共荣经营、适时经营与求实经营。

（2）确立具有特性的经营理念。经营理念是企业经营价值观强化为一种信念的结果，它是企业精神的集中体现，是企业形象的指南。经营理念是基于员工对企业价值观的认同，并将其强化为信念而形成的，这种共同的信念让员工有了自觉行动的方向，使企业的生产、经营和管理活动达到高效率，其坚定性如何，将直接影响到企业经营的成败。经营理念的内容主要包括经营宗旨、经营方针、社会责任感和企业价值观等。其中，价值观是人们据以衡量事物的标准，是经营理念中最重要的部分。

（3）设计具有感召力的企业口号。设计具有感召力的企业口号就是将企业精神、服务特色、公司的价值取向等用最精练的语言表达或者描述出来。例如，IBM 的口号是"IBM 是最佳服务的象征"；广州白云山制药厂的口号是"白云山，爱心满人间"；通用电气公司的口号是"进步乃是我们最重要的产品"。

企业口号是企业精神的外在反映：一方面，企业口号能约束、规范企业的经营和管理行为，并将其内化为全体员工的精神动力；另一方面，独特且富有创意的企业形象口号，能有效地吸引公众对企业的关注，加深公众对企业的理解和认同，展示企业的风采，是宣传企业形象的有效手段。

2. 行为识别系统（BI）策划

BI 是通过企业的经营活动、管理活动、社会公益活动来传播企业的精神与思想，达到建立名牌企业的目的。如果说 MI 是企业的"想法"，则 BI 就是企业的"做法"。

企业形象的行为识别系统（3I）的内容包括两大部分：对内的活动和对外的活动。

对内的活动以创造理想的内部经营条件为目的，主要有企业的经营管理活动，包括管理过程、管理制度、管理方法、管理责任、管理机构等；企业内部的员工信息沟通活动；员工教育活动；生产福利与工作环境建设；对股东的传播活动；劳动保护和公害对策；企业各方面工作的研究与发展等。

对外的活动以创造理想的外部经营环境为目的，主要有市场调研、产品开发、公共关系活动、促销活动、流通活动、销售代理活动、社会公益活动、文化活动等。

小案例

麦当劳的行为识别系统就是其经营理念的具体化。其经营理念可以用 QSCV 来代表（Q 即 Quality，S 即 Service，C 即 Cleanliness，V 即 Value），即高品质的产品，快捷、友善、周到的服务，干净、整洁、幽雅的环境和合理的价格。他们通过制订一套完整的准则来保证员工的行为规范。这些准则有员工训练手册（Operation Training Mamas，OTM），岗位检查表（Station Operation Checklist，SOC），品质导向手册（Quality Gulde，QG），管理人员训练手册（Management Development Training，MDT）等。它们十分具体地规定了员工的行为，如麦当劳的餐厅服务分为 20 多个工作段，包括煎肉、收货等，每个工作段都有岗位检查表，详细地说明各工作段事先应检查的项目、步骤和职责。只要遵守了上述行为规范，就能保证 QSCV 经营理念的实施。

3. 视觉识别系统（VI）策划

视觉识别系统（VI）是企业以视、听觉感染力为媒体，将企业理念、文化特质、服务内容、企业规范等抽象的概念，经由组织化、系统化、统一性的识别设计，转化成容易被公众吸收的视、听觉称号，来表达企业形象信息的识别方式。它是 CIS 中最形象化、直观化地表达企业特征，以及最具传播力与感染力的一个系统。

企业 VI 设计包括两个方面：一是视觉基本要素设计，有企业名称、企业标志、品牌名称、产品标志、企业标准字、产品标准字、企业标准色、企业专用印刷字体、企业象征物、企业专用图案等项目；二是视觉应用设计项目，包括办公用品、招牌、旗帜标识牌、员工制服、赠品、交通工具、环境设计、产品设计、包装用品、广告用品、展示陈列等项目。

世界上一些著名的跨国企业如荷兰的壳牌，美国的通用、可口可乐，日本的佳能、住友银行等，无一例外都建立了一整套完善的企业形象识别系统，其在竞争中立于不败之地离不开科学有效的视觉传播。近 20 年来，国内一些企业也逐渐引进了形象识别系统，从最早的太阳神、健力宝，到后来的康佳、创维，也都在实践中取得了成功。在中国新兴的市场经济体制下，企业要想长远发展，有效的形象识别系统必不可少，这也成为企业腾飞的助跑器。

三、CIS 策划的导入

1. 导入 CIS 策划的时机

企业出现下列现象时，可通过导入 CIS 策划来解脱困境。

① 企业名称老化，易被误认、误解。

② 企业实施多角化经营后，企业形象的一贯性、统一性逐渐丧失。

③ 与其他企业合并后，需重塑企业形象。

④ 企业名称与产品形象不符。

⑤ 在同行竞争中，本企业处于不利地位。

⑥ 企业知名度低。

⑦ 企业形象不好，员工士气低落。

⑧ 企业形象因营销活动中某种事故受损，而产生负面效应。

⑨ 旧的企业形象有碍于进军新市场。

⑩ 缺少能代表企业形象的标志。

⑪ 缺少某种特定的产品形象，成为其他产品的障碍。

⑫ 人才吸引力差。

⑬ 企业形象赶不上国际化的潮流。

2. CIS 策划导入的程序

（1）计划的提出和确定。

① 提出 CIS 计划：提出 CIS 计划的可能是企业最高负责人、企业内部负责人、企业内部顾问、外界专业人士。

② 制订 CIS 企划案：企划案包括标题、提案的目标、导入 CIS 计划的理由和背景、CIS 计划的方针、具体施行细则、导入计划、CIS 计划的推动和组织者、实施过程中的预算。

③ 成立 CIS 执行委员会：明确 CIS 委员会的组成和职责、权限，并与企业共同执行 CIS 计划。

（2）企业调研与分析。企业 CIS 在导入之前一定要进行详细的企业调研，主要内容有企业实态、企业形象调研、内部调研、外部调研、社会环境调研。在调研之前要制订调研流程，即确定选题、对象、设计问卷、调查方法、人员、日期、调查费用。

（3）确定企业理念系统。根据上述企业调查的结论来确定企业理念，包括企业价值、企业事业领域、企业经营战略等。

（4）规范行为识别，设计视觉识别。根据新的理念、精神来矫正企业内部、外部的各项活动，并在理念的基础上进行企业视觉识别的设计。

（5）CIS 的发表。

① 发表的时机：CIS 的发表时间对企业有重大的影响，有的在 CIS 确定之后发表，有的在 CIS 策划的实施过程中发表，这些都可以根据企业的具体情况来定。

② 发表的对象：CIS 的发表包括对企业内部发表和对企业外部发表，内、外发表顺序有先内后外、先外后内或同时发表几种情况，各有效果，企业视具体情况而定。

（6）CIS 效果测定。检查是否完成了 CIS 计划，检查企业的销量、利润是否增长。

任务实施

【实训目的】

各策划小组进行团队 CIS 策划，学生进一步掌握 CIS 策划的内容和方法，并加强团队建设。

【实训内容】

1. CIS 定位。

2. CIS 设计开发。

3. CIS 策划的导入。

【实训组织】

1. 学生以营销策划小组为单位完成实训任务，做好策划前的调研准备工作。

2. 学生确定团队市场形象定位。

3. 学生设计团队 CIS 策划方案，确定团队目标、口号、团队标志、团队行为规范等。

4. 学生以小组为单位上交团队 CIS 策划方案。

5. 教师组织班级交流，每个小组推荐一名成员做主题发言，可以允许两名同学补充发言。

6. 教师与学生对各团队的 CIS 策划方案进行评估打分。

【实训考核】

1. 考核内容：CIS 策划方案的质量、团队合作的能力、实训完成的时间。

2. 考核方法：首先由学生自评，然后由小组互评，最后教师综合评出小组成绩，在此基础上给出个人最终成绩。

项目小结

市场营销战略策划是对企业市场营销战略的谋划和规划，是从企业整体的角度把握营销策划，其重点是了解市场、把握市场，通过进行市场细分、目标市场选择来认定企业的经营范围，并进行市场定位；同时对企业的 CI、BI 和 VI 进行策划，即对企业形象进行策划，帮助企业树立良好的企业形象和产品形象。本项目通过专题讨论与案例分析，引导学生理解市场营销战略策划的重要性及其包括的主要内容和基本方法；通过实战训练，让学生进一步理解进行市场机会研究、市场细分、目标市场的选择及企业形象策划的方法，从而使学生初步具备市场定位策划、CIS 策划的能力。

自我检测

一、单选题

1. 战略性营销策划包括（   ）。

A. 产品和市场定位策划　　　　　B. 战略策划和战术策划

C. 市场定位和市场细分策划　　　D. 营销策划和促销策划

2. 海尔公司向目标消费者提供"真诚的服务"的市场定位方法属于（　　　）。

A. 利益定位法　　　　　　　　　B. 档次定位法

C. 用途定位法　　　　　　　　　D. 形状定位法

3. 在春节、中秋节、情人节等节日即将来临时，许多商家都大做广告，以促销自己的产品，其对市场进行细分的方法是（　　　）。

A. 地理细分　　　B. 人口细分　　　C. 心理细分　　　D. 行为细分

二、多选题

1. 战略性营销策划分为 3 个阶段，即（　　　）。

A. 营销调研　　　　　　　　　　B. 营销目标设定

C. 营销战略策划　　　　　　　　D. 营销计划制订

2. 市场定位策划的内容有（　　　）。

A. 产品定位　　　　　　　　　　B. 价格定位

C. 市场定位　　　　　　　　　　D. 企业定位

3. 下列属于企业视觉识别系统基本要素的是（　　　）。

A. 办公事务用品　　　　　　　　B. 制服饰物

C. 交通工具　　　　　　　　　　D. 企业名称

三、简答题

1. 市场营销战略策划的内容有哪些？

2. 简述市场定位策划的步骤、策略与方法。

3. 一个完整的企业 CIS 策划方案应包括哪些主要项目？

技能训练

为背景企业进行市场定位策划。

【实训目的】

各策划小组根据已选定的策划项目进行市场定位策划。通过实训，学生将了解、掌握市场定位策划方案的框架构成、具体内容和格式要求，重点掌握市场定位策划的程序、方法、技巧和重点，从而能够为背景企业进行市场定位策划。

【实训内容】

1. 市场定位策划的程序、步骤。

2. 市场细分与定位方案设计。

【实训步骤】

1. 背景行业主要目标市场分析。

（1）学生列出各项目组的背景企业想要进入的主要目标市场。

（2）学生列出目标市场的欲望、需求等特征。

（3）学生分析各主要目标市场的特征。

2. 确定各项目组选择产品的定位。

（1）学生确定背景企业在产品、服务、人员、形象等方面与竞争者的差别。

（2）学生准确选择背景企业的相对竞争优势。

3. 确定背景企业定位策略。

（1）学生分析背景企业在目标市场中的地位。

（2）学生根据背景企业在目标市场中的地位，选择市场定位策略。

（3）各项目小组根据背景企业采用的不同定位策略，进一步进行具体策略和方法的选择。

4. 撰写市场定位策划方案。

5. 各策划小组派代表上台陈述本小组的市场定位策划方案，用PPT的形式进行展示。

【实训考核】

1. 考核内容：市场定位策划方案的质量、团队合作的能力、实训完成的时间。

2. 考核方法：首先由学生自评，然后由小组互评，最后教师综合评出小组成绩，在此基础上给出个人最终成绩。

拓展训练

【游戏名称】

泰坦尼克号。

【训练目标】

训练创新思维、培养应变能力、培养团队合作精神。

【实施步骤】

1. 教师首先给学生讲下面的故事："泰坦尼克号"即将沉没，船上的乘客（学生）

须在"泰坦尼克号"的电影音乐结束之前利用仅有的求生工具——7 块浮砖逃离到一个小岛上。

2．教师指导学生布置游戏场景：将一根 25 米的长绳在空地上摆成一个岛屿形状，并在岛屿的一侧摆 4 个长凳；用另外的一根绳子作为泰坦尼克号船。

3．教师给学生 5 分钟时间讨论和实验。

4．要求出发时，每个人必须从长凳的背上跨过（就如同从船上的船舷栏杆上跨过），踏上浮砖。在逃离过程中，每个人身体的任何部分都不能与"海面"（地面）接触。

5．自离开"泰坦尼克号"起，每个人在整个逃离过程中，每块浮砖都要被踩住，否则教师会将此浮砖踢掉。

6．全部乘客到达小岛，且所有浮砖被拿到小岛上后，游戏才算结束。

【相关讨论】

1．你们组可以想出什么样的办法来达成目标？

2．你们的方案是否坚决贯彻到底了？中间发生了什么变化？为什么？

项目四
产品品牌策划

项目导入

王创和张丽这段时间十分紧张、忙碌，他们既要完成课堂学习，又要参加河北省首届农产品创意品牌策划大赛。在老师的指导下，他们为农产品品牌创意方案的设计、产品包装及推广方案的设计等进行策划。老师特别叮嘱他们要掌握品牌策划的内容、程序和方法。他们踌躇满志，为目标而努力。

项目分析

产品是营销组合中的核心要素，产品策划也是企业营销策划活动的中心，产品策划的正确与否，直接影响到企业营销活动的全局。本项目主要包括 3 个具体任务：产品策略策划、新产品开发与推广策划、产品品牌策划。

学习目标

知识目标

1. 熟悉产品策略策划的流程。

2. 掌握新产品开发与推广策划的相关步骤。

3. 掌握品牌策划的内容与流程。

技能目标

1. 具有产品策划的分析与开发能力。

2. 能进行新产品上市与推广策划。

3. 能进行品牌策划与推广。

学习内容思维导图如图 4-1 所示。

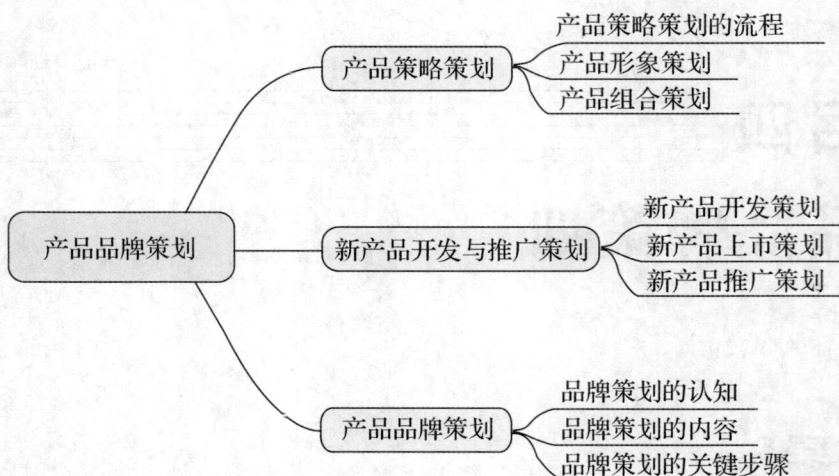

```
                              ┌─ 产品策略策划的流程
              ┌─ 产品策略策划 ─┼─ 产品形象策划
              │               └─ 产品组合策划
              │
              │                ┌─ 新产品开发策划
产品品牌策划 ─┼─ 新产品开发与推广策划 ─┼─ 新产品上市策划
              │                └─ 新产品推广策划
              │
              │               ┌─ 品牌策划的认知
              └─ 产品品牌策划 ─┼─ 品牌策划的内容
                              └─ 品牌策划的关键步骤
```

图 4-1　产品品牌策划学习内容思维导图

任务一　产品策略策划

任务描述

产品策略是营销组合的首要策略，也是营销策划的重要内容。产品策略策划内容广泛，我们只对其主要策略进行介绍，包括产品形象策划和产品组合策划。通过完成本任务，学生能够准确地分析产品或服务的特点，提炼产品的卖点，树立产品的独特形象。

相关知识

一、产品策略策划的流程

产品策略策划的流程主要包括分析产品整体概念、找出核心消费者、市场定位和提炼产品卖点四大步骤，如图 4-2 所示。

分析产品整体概念	产品策略最终来自于产品，应从产品的整体概念去挖掘。产品，即企业提供的能满足人们某种需要的一切物品和劳务，它包括实物、服务、场所、思想、主意、计策等。要制订正确的产品策略，首先要树立产品整体概念的指导思想。
找出核心消费者	核心消费者，即相对来说，最迫切需要该产品的人群。在寻找核心消费者的过程中，需要注意的问题：一定要把握住产品的主要诉求，找出那些对该产品主要诉求反应最强烈的人，并将他们作为核心消费者，只有这样才能使产品切入市场的要害。
市场定位	通过市场定位，一是把自己与竞争者区别开来；二是触动消费者的心灵，在消费者的心目中留下深刻的印象。
提炼产品卖点	要对消费者购买本产品的理由进行提炼，突出差异，并准确地以一种丰满有力、能迅速抓住消费者注意力的形式告知消费者，以引起消费者的关注、接受，直至提高其忠诚度。

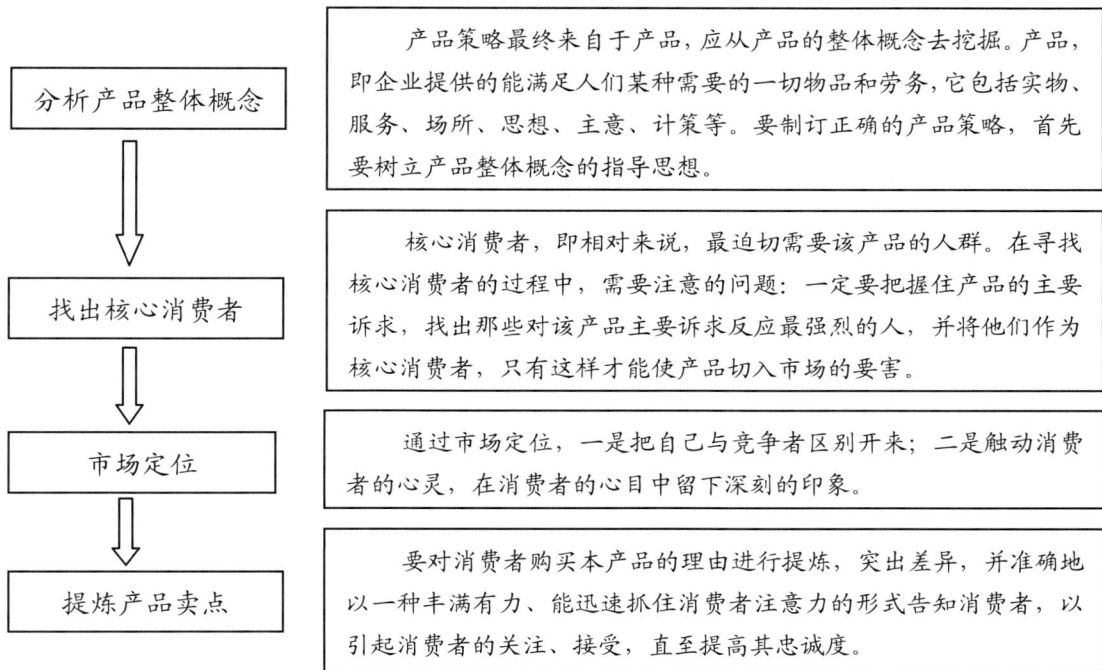

图 4-2　产品策略策划的流程

⑤营销视野

一个完整的产品概念应包括核心产品、形式产品和附加产品 3 个层次。

① 核心产品：是消费者购买的目的，或能给消费者带来的实际利益，也即产品的功能和效用。

② 形式产品：消费者通过自己的眼、耳、鼻、舌、身等感觉器官可以接触到的、感觉到的有形部分，包括产品的形状、样式、商标、质量、包装、设计、风格、色调等。

③ 附加产品：消费者在购买有形产品时获得的各种附加服务或利益的总和。

二、产品形象策划

产品形象策划（Product Identity System，PIS）是在 CIS 的基础上建立起来的一套具有市场针对性的形象系统，更适合于中国市场的运作和国内企业的需求。相对于 CIS 来说，如果将 CIS 比作一艘航母，那么 PIS 就是一艘鱼雷快艇，因为它高效、灵活，同时进行检测和评估也更直观，利于企业的战略调整和投入控制。

1. 产品形象策划的内容

产品形象策划具有一体化的整体战略模式，一般包括以下 10 方面的内容：产品文化内涵定位，产品卖点定位，包装色彩定位，包装主体元素制订及设计，印刷工艺制定及成本测算，终端系列展示及设计，包装形式分类制定，产品视觉风貌制定，广告及媒体的传播视觉设计，试销期产品跟踪测试及年度评估。

2. 产品形象策划的应用

在国内外众多酒类产品的宣传中，相当一部分是走文化路线的，如"杜康""杏花村""茅台"。产品一旦被赋予一种文化，让人购买的就不再是一件单纯的产品，而是一种感受。PIS 最重要的工作就是让消费者去产生这种感受，花一份有形的价值，获得两份收获——有形的产品和无形的感受，并在每次看到这件产品时，产生一定的情感联想，这里的联想是指对产品的联想，而非对企业形象的联想。抛开企业形象的背书支持，即使针对产品，依然有购买的理由，这就是 PIS 的核心价值。下面即为几个知名品牌的宣传策划应用。

小案例

① "资生堂"宣扬地道的日本味，"嘉娜宝"也不甘落后。

② "欧莱雅"宣扬明星也值得拥有，更何况凡夫俗子？

③ "美宝莲"宣扬它的浓重和美艳。

每个产品的 USP（Unique Selling Proposition，独特的销售主张）向来被市场人大书特书。其实就 PIS 来讲，USP 只是 PIS 体系的一部分，产品需要有针对性的卖点，而这种卖点不仅仅在于产品本身的技术含量、企业背景、人群定位，还可以考虑包装方式、色彩、卖场地点等方面。企业须知产品同质化日益严重，拉开差距才是方法，这种差距的拉开并非是在一个坐标上展开，而是在一个维度空间中多元寻求，即可以从横向和纵向上深层挖掘。

三、产品组合策划

产品组合策划是指对企业生产或经营的全部产品的有机构成方式的谋划。分析产品组合，既包括对企业每一项产品所处的市场地位及其在企业经营中的重要程度的分析，也包括对各个不同产品项目的相互关系和组合方式的分析。分析产品组合最主要的目的在于弄清在不断变化的市场营销环境中企业现有的产品组合与企业的总体战略、营销策略的要求是否一致，根据内、外部环境的要求对现有的产品组合进行调整。

1. 产品组合策划的程序

产品组合策划的程序主要包括以下 4 个阶段。

① 资料搜集和分析。

② 产品组合方案的设计。

③ 方案论证与评价。

④ 方案反馈与调整。

2. 产品组合策划的主要内容

产品组合由不同的产品品类（产品线）构成，产品品类数目的多少决定着产品组合的宽度；产品品类由具体的产品项目构成，产品项目数目的多少决定着产品组合的深度。

（1）产品组合宽度策划。企业在进行产品组合宽度策划时应注意以下几个方面。

① 企业的经营特色：每个企业由于自身资源条件的限制，必须在市场细分的基础上，突出企业的经营特色，明确企业的主营业务，以吸引消费者。

② 所处的市场环境：不同企业由于其所处市场环境与目标市场不完全一致，在产品品类策划时必须充分考虑这些方面的因素。

③ 企业的资源条件：不同企业的资源条件不同，在产品品类策划时应充分考虑内部资源对企业生产经营的影响。

（2）产品组合深度策划。产品组合深度策划是对企业经营的产品项目的档次构成进行选择，根据目标市场的需要和企业经营资源条件的不同，企业产品项目策划是不同的。

（3）产品组合关联性的策划。产品组合关联性的策划主要考虑的因素包括最终用途、生产经营条件、目标市场、销售方式等。良好的产品组合策划，能使企业合理地扩展其产品组合的广度，实行多角化经营，更好地发挥企业潜在的技术和资源优势，提高经济效益，并可以分散企业的投资风险。合理确定产品组合的深度，能使企业占领同类产品的更多细分市场，满足更广泛的市场需求。加强产品组合的相关性，则能使企业在某一特定的市场领域内提高竞争力和赢得良好的声誉。

3. 运用波士顿矩阵进行产品组合的设计

对于一个拥有复杂产品系列的企业来说，一般决定产品结构的基本因素有两个：市场引力与企业实力。市场引力包括企业销售增长率、目标市场容量、竞争对手强弱及利润高低等。其中最主要的是反映市场引力的综合指标——销售增长率，它是决定企业产品结构是否合理的外在因素。企业实力包括市场占有率和技术、设备、资金的利用能力等，其中市场占有率是决定企业产品结构的内在要素，它直接显示出企业的竞争实力。

通过以上两个因素的相互作用，会出现4种不同性质的产品类型，形成不同的产品发展前景：销售增长率和市场占有率"双高"的产品群（明星类产品）；销售增长率和市场占有率"双低"的产品群（瘦狗类产品）；销售增长率高、市场占有率低的产品群（问题类产品）；销售增长率低、市场占有率高的产品群（现金牛类产品），如图4-3所示。

图中纵坐标表示市场增长率，即产品销售的年增长速度，以10%为分界线，分为高低两个部分。图中横坐标表示相对市场份额，以1.0为分界线，分为高低两个部分。

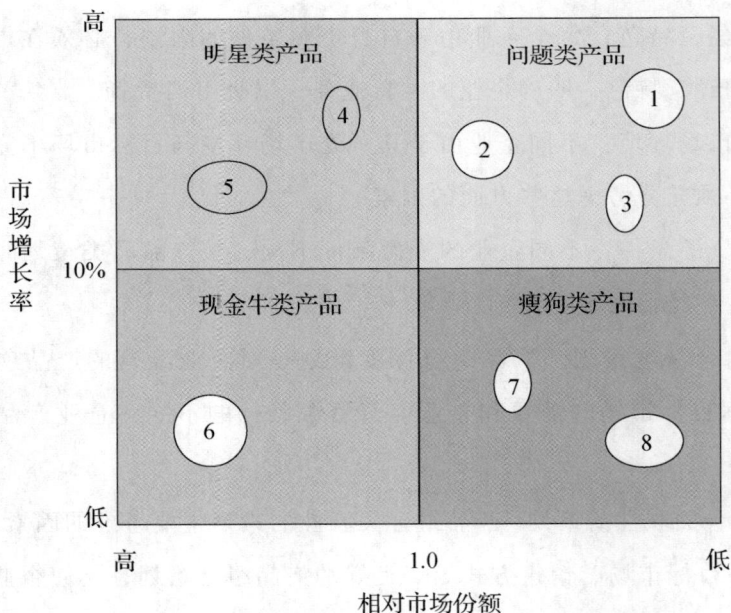

图 4-3　4 种不同性质的产品类型

在波士顿矩阵分析方法的应用中，企业经营者的任务是通过四象限法的分析，掌握产品结构的现状及预测未来市场的变化，进而有效、合理地分配企业经营资源。

对于企业来说，如果能同时具有问题类产品、明星类产品和现金牛类产品，就有希望保持企业当前利润和长远利润的稳定，形成合理的产品结构，维持资金平衡。

在产品结构调整中，企业的经营者不应在产品到了"瘦狗"阶段才考虑如何撤退，而应在"现金牛"阶段就考虑如何使产品造成的损失最小而收益最大。

任务实施

【实训目的】

通过实训，学生深入理解产品策略策划的重要意义，能够按照产品策略策划的流程进行产品形象策划和产品定位策划。

【实训内容】

1. 学生依据背景资料，进行案例分析。

2. 实训结束后，学生以小组为单位，撰写实训报告。实训报告要格式规范、内容完整、结构合理、层次分明、分析正确、策略得当。

【背景资料】

农夫果园打造产品形象

2003 年是饮料行业的"果汁年"。在碳酸饮料、瓶装饮用水、茶饮料三大品种几年来相继掀起市场热潮以后，果汁饮料以健康、时尚的形象成为饮品市场的新宠。

擅长营销创意的农夫山泉公司也推出了果汁产品——农夫果园，并在激烈的市场竞争中打赢了第一战，获得了可观的市场份额。

1. 混合口味：产品设计差异化

选择混合口味作为突破点，是农夫果园差异化营销的第一步。

统一的"鲜橙多"，汇源的"真鲜橙"，可口可乐的"酷儿"等，这些饮料巨头的主要竞争还停留在单一的橙汁口味上。"农夫果园"作为一个后进的品牌，在产品设计上没有像其他厂家那样依照现有的口味跟进，而是独辟蹊径选择了"混合口味"作为突破口，凭此屹立于强手如林的果汁市场。

混合口味是差异化营销的基础，做出这样的选择显示了农夫山泉公司的勇气，因为在国内市场上混合口味的果汁饮料还没有成功的先例。虽然果汁饮料中"牵手"是混合果汁，但其主要是 100%含量的不同果蔬混合，而且并没有提出混合口味果汁的概念，采用的也主要是利乐包，不利于渠道的推广。

"农夫果园"走混合口味果汁路线，一来避开了与先入为主的几大品牌的正面冲突；二来可以确立在混合口味果汁品牌中的领导地位。这样的差异营销手法，使"农夫果园"

成为果汁市场上最具锋芒的产品。

混合口味果汁有它的混合优势：一是营养互补，多种水果营养更全面，更符合人体对各类营养元素的需求；二是口味互补，口味是消费者最为注重的一个指标，混合口味果汁能够做到各类水果风味互补。使其口感更独特。

"农夫果园"最初推出的有橙、胡萝卜、苹果混合和菠萝、芒果、蕃石榴混合两种口味。混合口味的差异化策略奠定了"农夫果园"成功的第一步。一般果汁饮料消费者的喜好度为 65% 左右，农夫果园的两种口味达到了 79% 和 78%，表明消费者对混合口味的欢迎。

2. 喝前摇一摇：宣传诉求差异化

2003 年，"农夫果园"的宣传诉求也充分运用了差异化策略，广告上不仅摆脱了"美女路线"，而且与"酷儿"的角色营销也不同。"农夫果园"彻底放弃了所谓的形象代言人，而以一个动作作为其独特的品牌识别——摇一摇。

"农夫果园，喝前摇一摇。"这一宣传诉求在"农夫果园"的广告片中得到了充分的展现：身穿沙滩装的父子俩到饮料店购买饮料，看到宣传画上写着"农夫果园，喝前摇一摇。"的标语，便高举双手自觉地扭起了屁股，随后出现"农夫果园"产品形象。整部片子在诙谐、轻松的气氛中，烘托出"农夫果园 3 种水果在里面，喝前摇一摇"的主题。

农夫果园勇敢地把"喝前摇一摇"凝聚成一句广告口号，并把"摇"的动作上升为宣传诉求，果肉纤维暗示为产品销售的一个卖点，这样的宣传诉求立足于理性，不失为绝妙的差异化策略。

3. 引人注目的包装

"农夫果园"的包装瓶签是 3 种水果横剖面的组合图，色彩艳丽；Logo 为一个果农怀抱一大筐水果，烘托出丰收的气氛。包装上最吸引人的还有"农夫果园"超大口径的瓶口，市场上 PET[1] 包装瓶口一般为 28 毫米，而农夫果园的瓶口直径达到了 38 毫米，这多少显得有些异类，在终端的果汁货架上能够吸引更多的关注。

包装上还有一个创意，就是"农夫果园"的运动盖。"农夫果园"的包装和"农夫山泉"一样，分为普通盖和运动盖两种。"农夫果园"的运动盖，从设计创新上来说比"农夫山泉"有过之而无不及，其特点是当瓶子打翻时，盖子会自动关闭，保证饮料不溢出。这样可以增添饮用的乐趣，既吸引目标消费群购买，也在一定程

---

1 PET 是 polyethylene terephthalate 的缩写，中文意思是聚对苯二甲酸乙二酯，是一种塑料材质。

度上培养他们对品牌的忠诚度。

4．别出心裁的容量

"农夫果园"有两种规格：600毫升和380毫升。市场上的PET包装的果汁饮料，如"统一""康师傅""健力宝""汇源""酷儿"等为500毫升或350毫升，"农夫果园"在容量上比同类产品分别多100毫升和30毫升。这有利于其在终端店头的陈列和促销员的口碑推荐，也为其价格策略做好了铺垫。

5．独树一帜的浓度

在浓度上，"农夫果园"独树一帜，在PET果汁饮料中率先向浓度靠拢。包装标签上，"果汁含量≥30%"的字样显得异常醒目，这正是农夫果园与众不同的地方。

对于果汁饮料来说，浓度与口味往往存在着矛盾。100%浓度的果汁营养价值虽然高，但不易储存，而且口感普遍不是太好，如橙汁含量100%，就增加了水果本身的酸涩味。"统一鲜橙多"PET包装面市时迎合了大众的口味，把浓度降低到10%。随后，浓度10%左右的果汁饮料便一统PET包装的果汁饮料市场的江湖。"酷儿"在日本的果汁含量为20%，引进到国内也把果汁含量降低到10%。

"农夫果园"采取差异化策略，将果汁含量尝试调整到30%，充分利用混合口味优势，突破了果汁含量与口味之间的矛盾。"农夫果园"既保留了清爽、不粘口的优势，又从营养成分方面留下日后发挥的空间。当然，这也为其价格策略做好了铺垫。

6．价格策划的差异化

"农夫果园"在终端的销售价格为3.5～4元，明显高于同类果汁饮料，这是其价格体系差异化策略的表现。开辟PET包装的果汁饮料高端市场，自觉回避同类产品的价格纷争，选择这一道路的"农夫果园"对果汁市场目前的价格体系已做了深入的分析。

正是因为有了前面一系列的差异化策略做基础，"农夫果园"的价格策略差异化才能很好地推行，并得到消费者和经销商的认可和接受。如果没有一套完整的差异化策略，不对各种差异性进行整合，是不可能取得成功的。

消费者认同了，经销商这一关就容易打通。为了不影响铺货进程，提高经销商的积极性，农夫山泉公司采取富有创意的销售政策，还特意召开了一次大型的经销商联谊会，邀请全国各地700多家经销商到"农夫果园"生产地浙江千岛湖参观果汁饮料的生产线，以此推荐新品，为价格策略的差异化铺平道路。

【实训步骤】

1．学生认真阅读背景资料。

2．学生分析"农夫果园"是怎样进行产品策划的。

3．学生进行一次头脑风暴，假设自己是"农夫果园"公司的老板，要让自己的产品立足于市场，会怎样做？

4．学生汇总大家的意见，完成小组实训报告。

【实训考核】

1．考核内容：实训报告的质量、团队合作的能力和实训完成的时间。

2．考核方法：首先由学生自评，然后由小组互评，最后教师综合评出小组成绩，在此基础上给出个人最终成绩。

任务二　新产品开发与推广策划

任务描述

创新是企业成功的关键，只有开发创新才是企业赢得成功的首要策略。寻找能为企业的长远发展奠定基础、提供获利能力的新产品，不断提出新产品的开发创意是营销策划工作的主要任务之一。通过完成本任务，学生能够为企业撰写新产品开发与推广方案。

相关知识

一、新产品开发策划

从营销的角度看，新产品是指在某个市场上首次出现的或者是企业首次向市场提供的、能满足某种消费需求的产品。只要产品整体概念中任何一部分具有创新、变革，都算是新产品。新产品开发策划是指对企业开发新产品以适应消费者需求的市场开发过程的谋划。

1．新产品开发的成功率和失败原因

新产品开发是一项既复杂又极具风险的工作，它直接关系到企业经营的成功与失败。

通常，新产品开发的成功率为：每 7 个观念中，有 1 个获得实践；每 4 个开发项目中，只有 1 个获得成功；即使在完成阶段（完成了所有测试，并审查了计划的每一步之后），每 3 个项目中还有 1 个在商业操作上失败。

新产品开发失败的原因有市场调研不充分（24%）；产品问题和缺陷（16%）；缺乏有效的营销活动（14%）；成本高，超出预期（10%）；缺乏竞争优势（9%）；引进时机不恰当（8%）；技术和其他生产问题（6%）；其他原因（13%）。

2．新产品开发流程

为了提高新产品开发的经济效益，必须按照一定的科学程序来进行。新产品开发的主要流程：产品构思→筛选构思方案→建立产品概念→商业分析→开发研制→市场试销→正式上市，如图 4-4 所示。

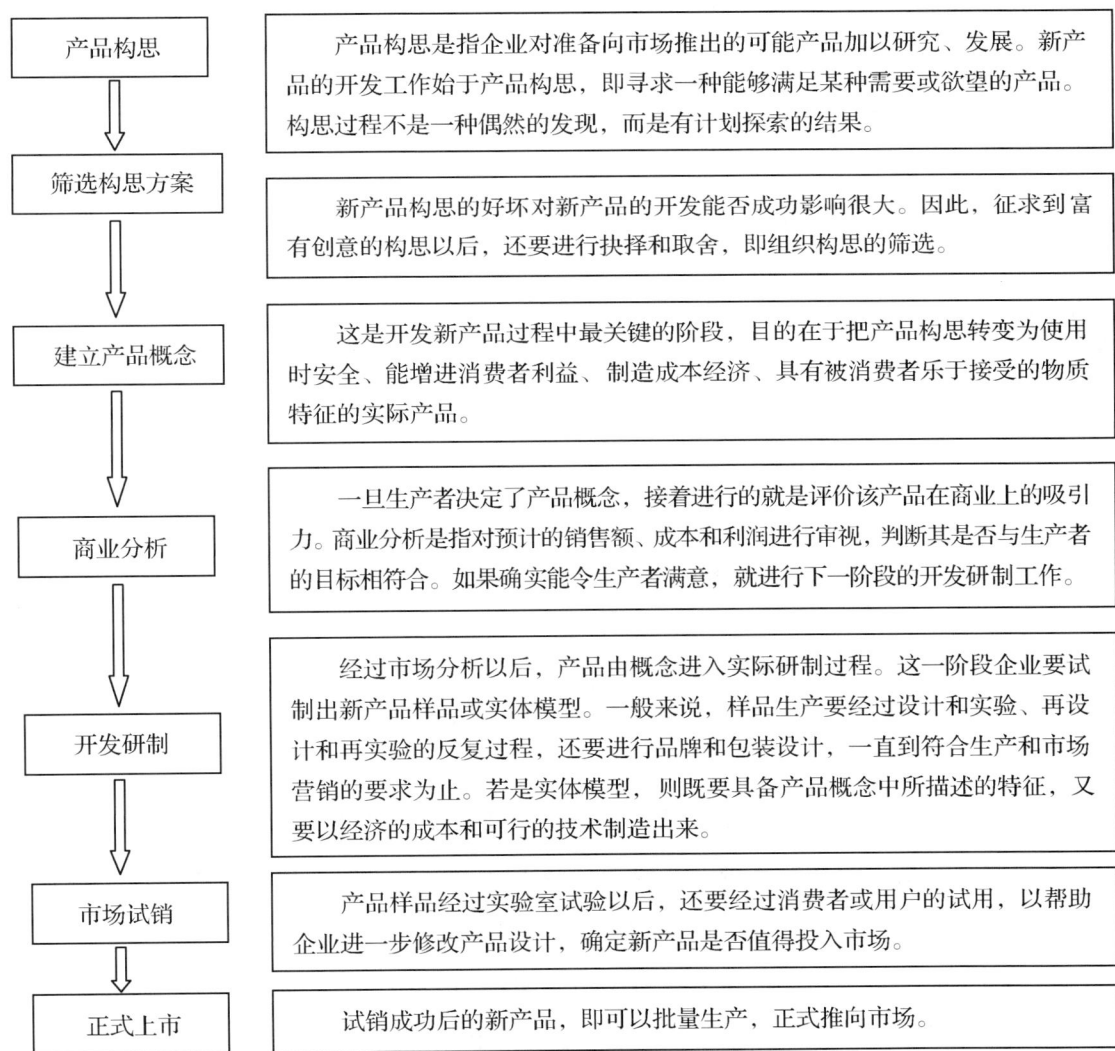

产品构思	产品构思是指企业对准备向市场推出的可能产品加以研究、发展。新产品的开发工作始于产品构思，即寻求一种能够满足某种需要或欲望的产品。构思过程不是一种偶然的发现，而是有计划探索的结果。
筛选构思方案	新产品构思的好坏对新产品的开发能否成功影响很大。因此，征求到富有创意的构思以后，还要进行抉择和取舍，即组织构思的筛选。
建立产品概念	这是开发新产品过程中最关键的阶段，目的在于把产品构思转变为使用时安全、能增进消费者利益、制造成本经济、具有被消费者乐于接受的物质特征的实际产品。
商业分析	一旦生产者决定了产品概念，接着进行的就是评价该产品在商业上的吸引力。商业分析是指对预计的销售额、成本和利润进行审视，判断其是否与生产者的目标相符合。如果确实能令生产者满意，就进行下一阶段的开发研制工作。
开发研制	经过市场分析以后，产品由概念进入实际研制过程。这一阶段企业要试制出新产品样品或实体模型。一般来说，样品生产要经过设计和实验、再设计和再实验的反复过程，还要进行品牌和包装设计，一直到符合生产和市场营销的要求为止。若是实体模型，则既要具备产品概念中所描述的特征，又要以经济的成本和可行的技术制造出来。
市场试销	产品样品经过实验室试验以后，还要经过消费者或用户的试用，以帮助企业进一步修改产品设计，确定新产品是否值得投入市场。
正式上市	试销成功后的新产品，即可以批量生产，正式推向市场。

图 4-4　新产品开发流程

新产品开发这一典型流程提示我们，新产品开发的创意与策划过程应该从产品构思开始，经评价筛选变成初步的方案，再经过不断的检测，最后变成正式的、优秀的方案。至于是否成功，企业还须在上市时间、上市地点、上市目标等方面做出精心的营销策划。

小案例

蒙牛对冰激凌的构思中，会想到各种各样的结果。例如，其中的一个问题——孩子喜欢什么样的冰激凌？其想到的答案就包括多个方面。

① 酸、甜、单色、多色……

② 随心所欲、想变就变。

③ 儿童、小学生。

④ 蒙牛"随便"冰激凌。

⑤ 广告、促销、渠道……

实时互动

1. 你认为一种新产品成功开发的关键条件是什么？

2. 请说说新产品开发策划的一般流程。

二、新产品上市策划

1. 新产品上市时机的选择

综观企业成功的新产品上市经验，把握上市时间十分重要。以下是 3 种新产品上市的时机。

（1）先于竞争者上市。先于竞争者上市是指新产品在研制出来以后，立即上市。其特点是同类产品的竞争者很少或几乎没有，或潜在竞争对手的条件尚未成熟，先期上市可以"先入为主"。例如，吉列公司发明的剃须刀产品。

（2）同于竞争者上市。同于竞争者上市是指市场一有变化，企业就闻风而动，同时开发同类新产品。由于各方面条件和水平相当，各企业很可能同时完成一项产品的构思、试制、上市。其特点是共同承担风险，共享利润成果。

（3）迟于竞争者上市。迟于竞争者上市是指虽然新产品已经成型，但决策者们却迟迟不将其公之于众，他们期待着更详尽的调查和更高的接受率，同时尽量避免上市失败给企业带来损失，这样就将风险转嫁给了竞争对手。如果产品销路好就立即推出，如果产品销路不好就立即退出。这种方法，即所谓的"后发制人"。

2. 新产品上市地点的选择

新产品上市的地点即推出新产品的地域，是在当地或异地、一个地区或几个区域、国内或国外等。一般资金雄厚、人力充足的实力企业会撒开大网，向整个地区推出新产品，巩固成果；而中小型企业很少能拥有大范围的销售网络，面铺得太大会造成力量分散，最好从某个地区入手，边巩固成果，边向其他地区扩展。

麦当劳公司最初进入中国时，首先选中北京安营扎寨，又买下了王府井路口的寸土寸金之地兴建最大规模的快餐厅。其以后的兴旺发达，就说明了上市地点选择的正确性。

3. 新产品上市目标的确定

产品的最终享用者是消费者，因年龄、性格、性别的不同，他们的购买需要也不相同。企业选准目标群，并根据他们的特点制定方针对策，方能有的放矢；否则，过于大众化的产品反而备受冷落。例如，化妆品以女士为主要对象，玩具以幼儿和青少年为中心，选错目标就会适得其反。

三、新产品推广策划

新产品进入市场后，马上面临着消费者反应的考验，可能被消费者接受，也可能被怀疑或者拒绝。营销人员须采用一定的措施，进行新产品推广。所谓新产品推广，是指采取一定的措施，使新产品被越来越多的消费者接受。

1. 新产品的采用过程

美国著名营销学者罗杰斯推出新产品被消费者接受并采用的过程，包括认识、兴趣、评价、采用 4 个阶段。认识是消费者获得有关新产品信息的起点，这些信息主要来源于广告或亲友的讨论，但缺乏关于新产品的详细信息。兴趣是消费者认识到新产品的存在后，产生了喜爱之情和占有的愿望，并积极寻求有关新产品的其他信息。评价是顾客通过试用，重新评价产品。采用是消费者试用后对新产品持肯定态度，决定经常购买新产品。

以上 4 个阶段是一个连续的过程，任何一个环节被否定都不会形成最终的采用决策。因此，企业在新产品刚刚进入市场时，一定要充分了解每一阶段消费者的反应，不断改进营销策略。

2．新产品推广策略

（1）准确判断目标消费者。准确判断目标消费者是根据消费者对产品的反应，选择创新采用者和早期采用者为投入目标。

（2）合理确定投放时间。营销人员选择新产品上市时间时，要考虑季节因素、节假日因素及对原有产品销路的影响等因素。例如，季节性产品应在季前投入市场；代替老产品入市的新产品应等到老产品的存货处理完后再进入市场。

（3）准确决定投放地区。新产品上市的投放地区要准确，一般先在主要地区取得立足点后，再实施覆盖投放策略，扩大至其他地区。

3．新产品推广的常用方法

（1）推介会。推介会是指通过集中的产品展示和示范表演，配之以多种传播媒介的复合式传播形式，集中宣传本企业新产品的活动。

（2）特殊手段推销法。特殊手段推销法是指利用大型体育活动、新闻等广泛传播的特殊手段推销新产品。

（3）有力人士介绍法。有力人士介绍法是指借助著名的政治家、文学家、演员、歌唱家、记者、节目主持人等名人的地位与声望来宣传企业及产品。

（4）直销法。直销法是指直接面对消费者，取消中间环节，把给予中间环节的利润给予消费者。较普遍的方式有电话直销、电视直销、直接邮寄、上门推销、综合直销等。

任务实施

【实训目的】

通过实训，学生熟练地掌握新产品开发的基本流程，具备相关内容的交流、讨论能力。

【实训内容】

1．以营销策划小组为单位选择分析对象，分析本校某系某专业结构，从经营的角度分析专业运行状况。

2．新产品开发的流程。

3．新产品开发的组织与管理。

4. 新产品扩散。

【实训步骤】

1. 学生以营销策划小组为单位进行市场调查，了解某系某专业的市场需求情况。

2. 学生分析本校现有的院系、专业结构，从经营的角度分析专业的运行状况。

3. 学生根据各个专业的具体情况提出可能的调整及新专业开设思路。

4. 学生撰写新专业开发建议书，形成1000字左右的书面报告。

5. 学生进行作业展示与交流。

【实训考核】

1. 考核内容：新产品开发策划方案的质量、团队合作的能力和实训完成的时间。

2. 考核方法：首先由学生自评，然后由小组互评，最后教师综合评出小组成绩，在此基础上给出个人最终成绩。

任务三　产品品牌策划

任务描述

品牌策划是对品牌战略和策略的规划，是品牌决策的形成过程。品牌策划是将人们对品牌的认识进行清晰化的过程。通过完成本任务，学生能够依据品牌策划的流程，为企业进行品牌策划与推广，并撰写品牌策划推广方案。

相关知识

一、品牌策划的认知

1. 品牌的定义

品牌是一种名称、术语、标记、符号或设计，或是它们的组合运用，其目的是借以辨认销售者的产品或服务，并使之同竞争对手的产品和服务区别开来。其内容包括以下几个方面。

（1）品牌名称：品牌中可以用言语称呼的部分，如海尔、雅戈尔、999、TCL等。

（2）品牌标志：品牌中可以识别但不能用言语称呼的部分，如符号、图案、色彩、字体等。

（3）品牌角色：如海尔兄弟、米老鼠等。

（4）品牌商标：受到法律保护的整个品牌或组成品牌的某一个或几个部分。商标使用时应注册，用"R"或"注"明示，注册商标才享有其专用权。阿迪达斯品牌商标如图 4-5 所示。

图 4-5　阿迪达斯品牌商标

2. 品牌的重要性

（1）从消费者角度看。首先，品牌可以帮助消费者识别和购买商品；其次，品牌便于消费者对产品质量进行监督，有效维护自身利益。

（2）从销售者角度看。第一，品牌是产品竞争的有力武器；第二，品牌有助于产品促销；第三，品牌注册商标受法律保护，一旦在市场上发现假冒商品，可依法追究、索赔，保护本企业的利益；第四，品牌有助于监督、提高产品质量；第五，好的品牌是企业宝贵的无形资产。

（3）从社会角度看。第一，品牌是公众监督的重要手段，可促使产品质量不断提高；第二，品牌可加强社会的创新精神；第三，品牌可保护企业间的竞争，促使整个社会经济健康发展。

3. 品牌策划的本质

品牌策划就是使企业形象和产品品牌在消费者脑海中形成一种个性化的区隔，并使消费者与企业品牌和产品品牌之间形成统一的价值观，从而建立起自己的品牌声浪。

品牌策划的核心在于传播，如何把企业品牌形象传播出去，打造优良的品牌形象，是品牌策划的关键。

二、品牌策划的内容

1. 品牌定位策划

品牌定位是指企业在市场调研和市场细分的基础上，努力寻找和发现自身品牌的独特个性（优势），将此优势与目标消费者心目中的空白点予以对应，从而确定品牌商品在消费者心目中的独特位置，并借助整合营销传播手段，使品牌能够在消费者心目中建立起强有力的联想和独特印象的策略性行为。简而言之，品牌定位就是企业向目标消费者展示品牌商品的独特个性（优势）的过程。品牌定位要求品牌商品能够满足目标消费群体的需求，能够向目标消费群体提供购买商品的理由，而能够支撑这些理由的诉求内涵则来自品牌的独特个性。

一般而言，品牌定位策划应遵循以下 6 个基本原则：尽可能突出产品特征；有效整合利用现有资源条件；努力切中目标市场；形成竞争差异；追求传播成本效益最大化；简明扼要，抓住关键。

2. 品牌个性识别策划

品牌个性是指企业经过分析和提炼，有意识地将目标消费者所认可的个性特征移植或注入品牌中，使该品牌商品具有某种有别于其他品牌商品的独特的个性特征。品牌个性是品牌的灵魂，是消费者识别品牌、区分品牌的重要依据，因此塑造品牌个性就成为品牌传播的核心内容。万宝路由于成功地提炼出品牌个性并通过牛仔形象将粗犷帅气、桀骜不驯、自由潇洒的品牌个性演绎得淋漓尽致，使消费者产生了深刻的印象。

3. 品牌形象识别策划

品牌形象识别由一系列的符号所构成，包括名称、标志、标准色、标准字体、象征物、包装、展示设计等。对于品牌运营者而言，除了要提炼和规划品牌的文化与个性之外，更为重要的是，将抽象的品牌文化和品牌个性通过创意设计转化为具象的识别符号。这一转化过程既需要专业的策划能力，也需要丰富的创意与想象能力。

（1）品牌名称策划。品牌的命名有以下几种常用方法。

① 效用命名：以产品的主要性能和效用命名，如美加净、青春宝、精工手表。

② 人物命名：如方太厨具、张小泉剪刀等。

③ 产地命名：如西湖龙井、北京烤鸭等。

④ 吉利命名：如金六福、金利来等。

⑤ 制法命名：如北京二锅头、千层饼等。

⑥ 形象命名：如春兰空调、野马自行车、恒源祥羊绒衫等。

⑦ 企业命名：如松下电器、长虹彩电等。

品牌命名，贵在策略，其策划核心可归纳为6句话：命名要别出心裁；命名要名副其实；命名要美在极处；命名要入乡随俗；命名要合乎时尚；命名要空前绝后。

营销故事

"金利来"领带

香港"领带大王"曾宪梓先生谈到，"金利来"原先叫"金狮"。一天，他送了两条"金狮"领带给一位亲戚，谁知这位亲戚满脸不高兴地说："我才不用你的领带呢！'金输金输'，什么都输掉了。"原来粤语"狮"与"输"读音相近。为了改"金狮"这个品牌的名字，他当晚一夜未眠，绞尽脑汁，终于想出了将"Gold Lion"改为意译与音译相结合这个点子，即"Gold"意为金，"Lion"音读为利来，这个牌子很快就为大家所喜爱。因为系领带的多为商人或管理人员，香港生意人又多，谁不希望"金利来"呢？因此，给商品取个好名字，是商品品牌促销策划的一件重要的事情，切不可等闲视之。企业在商品取名上一定要舍得下功夫，只有经过深思熟虑、反复比较、慎重挑选，才能做到念起来上口、听起来悦耳、想起来有新意；才能提高商品的知名度和吸引力。

（2）品牌标志策划。品牌不仅要有好的名字，还要有好的造型和色彩，并与产品相映生辉、相得益彰。对品牌标志的设计要求主要表现在以下几个方面。

① 简洁明了，新奇独特。好的品牌设计，应当图案清晰、文字简练并且符号色彩醒目，没有多余的装饰，要有鲜明的个性。例如，"红太阳"口服液设计为黑色三角形顶起红色圆形，简洁明了，使人感到新奇、独特，给人以信任感。

② 易懂易记，启发联想。好的品牌所蕴含的信息既要丰富，又要易于理解，给消费者以意会、机智或趣味的心理享受。例如，日本的"美能达"相机，取字母中的"O"来创造摄影镜头镜片的形状，光感很强，体现出现代高科技的严密性和精确性，完整、准确地传达出了产品的性质和特点；品牌图案本身具有高质量的象征，拉丁字母的字体轮廓清晰、挺拔，很有机械制造的金属感，在照相机上非常协调；整个品牌设计高度体现了光学产品的特征和时代感。

小案例

　　"M"这个很普通的字母，对其施以不同的加工，就形成了表示不同商品的标记或标志。鲜艳的金黄色拱门"M"是麦当劳（McDonalds）的标志，如图 4-6 所示。它棱角圆润、色调柔和，给人以自然、亲切之感。如今，麦当劳这个"M"标志已经出现在全世界 73 个国家和地区的数百个城市的闹市区，成为人们最喜爱的快餐标志之一。

图 4-6　麦当劳"M"金拱门标志

　　③ 形象生动，美观大方。品牌既是产品的特征，又是产品形象及企业形象的代表，因此在设计上要形象生动、美观大方、有强烈的艺术感染力、使人百看不厌。相反，设计草率、质量低劣、抄袭别人品牌的做法，会使人产生不信任感，从而难以接受。

　　④ 功能第一，传播方便。品牌作为产品的一个有机组成部分，应为市场营销服务，而不应被视为一件独立的艺术品。例如，一件衬衫的品牌，往往设在胸前、袖口等显著部位，一方面是为了装饰，但更重要的是为了增强顾客的购买信心。

　　（3）产品包装设计策划。包装不仅能保护产品便于产品的出售和使用，而且具有识别功能、传递信息功能、诱发购买功能和使商品增值的功能。

　　包装设计的内容包括包装形状、包装的大小、包装构造、包装材料与文字说明、配图、色调、品牌与标签。包装设计应遵循以下基本原则。

　　① 包装设计应与产品价值或质量水平相一致。

　　② 包装造型应美观大方，图案应形象生动、不落俗套，避免模仿、雷同。

　　③ 包装设计应显示产品的特点或风格。

　　④ 包装设计应符合风俗习惯和心理需求。

⑤ 包装应能增加顾客的信任感并指导消费。

⑥ 包装造型和结构设计应有利于销售、使用、保管和携带。

4. 品牌传播策划

品牌传播，是指品牌所有者通过各种传播手段，将事先提炼的品牌核心价值理念持续不断地同目标受众交流与沟通，以使目标受众认同、喜爱品牌核心价值理念，并逐渐成为该品牌商品的实际消费者和忠诚消费者，从而提升品牌的无形资产价值。

品牌传播实际上就是企业对各种传播手段进行信息控制和利用的过程，在这个过程中，企业如何利用、整合和控制这些传播资源将成为传播能否取得成功的关键。企业可以利用的传播手段包括广告、公共关系、人际传播及各种媒介资源。

三、品牌策划的关键步骤

1. 品牌定位——提炼出品牌独有的个性

品牌定位的操作步骤如下。

（1）品牌调研。品牌调研是指通过对自身、竞争对手及目标消费者的科学调研，搜集全面、真实的客观依据。

（2）消费者细分。消费者细分是指通过对市场的调研和分析，寻找和发现目标消费者。

（3）品牌诊断。品牌诊断是指通过对品牌资产的梳理和市场发展的分析，提炼出品牌自身的基因，发掘出切合实际的独特属性。

（4）品牌核心价值的挖掘。挖掘品牌核心价值是指通过对产品或服务的系统分析，挖掘出能够给企业带来利益的核心点。

2. 品牌塑造——让品牌与众不同

品牌塑造的操作步骤如下。

（1）品牌命名。品牌命名是指通过对产品（服务）的系统分析，提出生动有力、充满个性、易识别、易传播、易记忆的品牌名称。

（2）品牌卖点提炼。品牌卖点提炼是指通过对产品（服务）的深入研究，寻找到一个或多个能满足消费者需求的产品卖点。

（3）品牌文化梳理。品牌文化梳理是指通过对品牌形成的历史及社会背景的研究，寻找出品牌能够被消费者认同的文化基因，如品牌历史、品牌故事等。

（4）品牌形象设计。品牌形象设计是指通过专业、规范的设计，为企业、产品、服务塑造出符合其特征或属性，容易被识别、记忆，富有传播力、冲击力的品牌形象。

3．品牌整合传播——让品牌广为人知

品牌整合传播的操作步骤如下。

（1）品牌推广策略。品牌推广策略是根据产品（服务）自身的特点及目标消费群的媒体接触习惯，找出切合实际的品牌推广策略。

（2）品牌创意表现。品牌创意表现是对消费者的心智和品牌特质进行深入研究，设计出"情理之中，意料之外"、具有市场穿透力的作品。

（3）品牌整合传播执行。品牌整合传播执行是指协助企业将其品牌传播方案执行到位。

（4）品牌传播效果评估。品牌传播效果评估是指通过对上一阶段的品牌传播效果进行综合评估，为下一阶段的品牌传播策略提供决策依据。

任务实施

【实训目的】

通过实训，学生进一步理解品牌策划的重要意义，能够按照品牌策划的操作流程进行品牌定位策划、品牌创意与设计、品牌推广策划，锻炼学生知识运用的能力。

【实训内容】

学生挖掘自己家乡某个农副产品的特点，为其进行品牌策划与推广。

1．品牌定位分析与策划。

2．品牌创意与设计。

3．品牌宣传与推广。

4．撰写品牌策划与推广方案。

【实训步骤】

1．学生以营销策划团队为单位选择项目背景，确定策划对象。

2．学生结合项目背景，确定品牌策划的目标。

3．品牌定位分析：市场分析、环境分析、竞争分析和 SWOT 分析。

4．品牌定位策划：品牌的核心价值、品牌理念、品牌定位描述。

5．品牌创意与设计：品牌名称、品牌标志、品牌诉求重点、品牌包装设计、品牌故事等。

6．品牌推广策划：品牌推广目标、品牌推广战略与策略。

7. 具体行动方案：品牌推广具体活动策划。

8. 学生按照策划书的格式要求撰写品牌策划草案，修改定稿，制作 PPT 文档。

9. 学生进行作业展示与交流。

【实训考核】

1. 考核内容：品牌策划方案的质量、团队合作的能力和实训完成的时间。

2. 考核方法：首先由学生自评，然后由小组互评，最后教师综合评出小组成绩，在此基础上给出个人最终成绩。

项目小结

产品策划是企业对如何使自己的产品或产品组合适应消费者的需要所进行的动态化的谋划。产品策划的内容包括新产品开发与推广策划、产品组合策划、产品品牌策划、产品质量策划、产品包装与服务策划等。

本项目通过课堂讨论与案例分析，引导学生理解新产品开发对企业的重要意义和作用；通过进行实战训练，举办品牌策划与推广大赛，各营销策划模拟公司依据行业市场状况进行产品品牌策划及新产品上市推广策划，并要求提交策划方案，使学生进一步掌握产品策划的框架构成、具体内容、格式要求，初步具备品牌策划及新产品开发与推广策划能力。

自我检测

一、单选题

1. 在原有产品大类中又增加新的产品项目，这种做法属于（　　　）。

    A. 扩大产品组合策略　　　　　　　　B. 产品延伸策略

    C. 产品差异化策略　　　　　　　　　D. 最佳产品组合策略

2. 品牌中可以被认出但不能用语言称呼的部分称为（　　　）。

    A. 品牌标志　　　B. 商标　　　C. 品牌名称　　　D. 品牌延伸

3. Bestseller 集团是欧洲著名的国际时装公司，拥有 ONLY（女装）、VERO MODA（女装）、JACK&JONES（男装）和 EXIT（童装）4 个知名品牌，一般可以认为 Bestseller 集团采用的品牌策略属于（　　　）。

    A. 统一品牌策略　　　　　　　　　　B. 个别品牌策略

C．企业名称加个别品牌策略　　　　D．分类品牌策略

二、多选题

1．企业新产品上市推广的具体策略一般应考虑的问题有（　　　）。

　　A．上市时机　　B．上市地点　　C．目标市场　　D．宣传策略

2．品牌的含义可以分为（　　　）几个层次。

　　A．属性　　　　B．利益　　　　C．价值　　　　D．文化

3．品牌营销传播的基本思路包括（　　　）。

　　A．品牌营销传播要清楚、简明　　　B．品牌营销传播要与众不同

　　C．品牌营销传播要持久、一致　　　D．品牌营销传播要专业化

三、简答题

1．怎样理解新产品上市策划是新产品开发的关键？

2．品牌定位的本质是什么？如何进行品牌定位策划？

3．强化品牌的方法有哪些？

技能训练

依据背景资料进行新产品上市推广策划。

【实训目的】

通过实训，学生明确新产品上市推广策划的操作流程，掌握品牌策划的策略与方法，开发学生的创新潜能。

【实训内容】

1．新产品上市推广策划。

2．品牌创意与设计。

3．产品包装设计。

【背景资料】

独特的品牌文化

山东盛发农业科技有限公司是一家集茶叶种植、研发、生产、连锁经营、茶文化研究和推广及茶叶深加工于一体的茶叶综合性企业。该公司从 2006 年开始，聘请了十几位具有数十年高超制茶经验的专家开展了一系列新产品研发工作，目前其产品已取得 4 个国家的发明专利。山东茶树需历经漫长的冬季，在低温中缓慢生长，有利于内含物的积

累，因此造就了叶片较厚、内质较丰富的茶树鲜叶。该公司引进我国台湾先进的茶园管理模式进行管理，以豆粕作为肥料给予茶树丰富的营养，再融合我国台湾的制茶工艺，成就了倾国倾城的北方茶滋味。该茶是历经 100 多个小时的制程、6 道工序、耗时月余、反复处理才完成的极品红茶，未添加任何香料和色素，成品条形紧索，汤色艳红清澈，香气醇厚甘润、似蜜糖香，犹如茶中香槟，韵味、内质、口感均为上品，让人一喝成主顾，永生难忘。

请为该产品的上市推广做以下策划设计方案。

（1）提供 1～2 个可供选择的具有民俗文化底蕴的品牌设计。

（2）提供富有创意的包装风格设计方案。

（3）提供新产品上市推广策略方案。

【实训步骤】

1. 学生认真阅读背景资料，进行产品分析、市场分析、竞争分析，明确产品的功能、差异，进行品牌定位。

2. 学生进行一次头脑风暴，进行品牌名称、品牌标志和商品包装的设计。

3. 学生进行新产品上市推广策划（包括推广目标、推广思路、推广策略）。

4. 学生按照策划书的格式要求撰写新产品上市推广策划方案，制作 PPT 文档。

5. 学生进行作业展示与交流。

【实训考核】

1. 考核内容：品牌策划方案的质量、团队合作的能力和实训完成的时间。

2. 考核方法：首先由学生自评，然后由小组互评，最后教师综合评出小组成绩，在此基础上给出个人最终成绩。

拓展训练

【游戏名称】

头脑风暴。

【训练目标】

创新思维训练。

【实施步骤】

1. 确定一物品，可以是铅笔或其他任何东西，请在 1 分钟内想出尽可能多的该物品的用途。

2. 学生 5～7 人为一组，每组选出一人来记录本组所想出主意的数量，在 1 分钟之后，推选出本组中最新奇、最具有建设性的主意，想法最多、最新奇的组获胜。

3. 规则如下。

① 不可有任何批评意见；只考虑想法，不用考虑可行性。

② 想法越古怪越好，鼓励异想天开。

③ 可以寻求各种想法的组合和改进。

【相关讨论】

1. 你是否会惊叹于人类思维的奇特性，惊叹于不同的人想法之间的差异性？

2. 头脑风暴对于解决问题有何好处？它适合解决什么样的问题？

项目五
产品促销策划

📖 项目导入

完成了产品品牌策划工作之后，王创和张丽又迎来一个新的任务。他们需要对产品的促销提出合理化建议，并要对广告促销、公共关系、营业推广等方式进行合理化促销组合，以实现最佳的整体促销效果。面对这样的任务，他们应该如何应对呢？

✖ 项目分析

科技为企业提供动力，促销则为企业插上了翅膀。促销是营销组合的基本策略之一，通过本项目的学习，学生能够实现在促销策划实践中有计划地选择广告、公共关系、营业推广等促销工具，能灵活使用各种促销工具进行策划。

📑 学习目标

知识目标

1. 掌握广告策划的内容、策略和技巧。

2. 掌握营业推广策划的内容、策略和方法。

3. 掌握公关策划的内容、策略和技巧。

技能目标

1. 能熟练运用各种促销工具开展促销策划。

2. 初步具备进行广告策划、营业推广策划和公关活动策划的能力。

3. 能够撰写各种促销策划文案。

学习内容思维导图如图 5-1 所示。

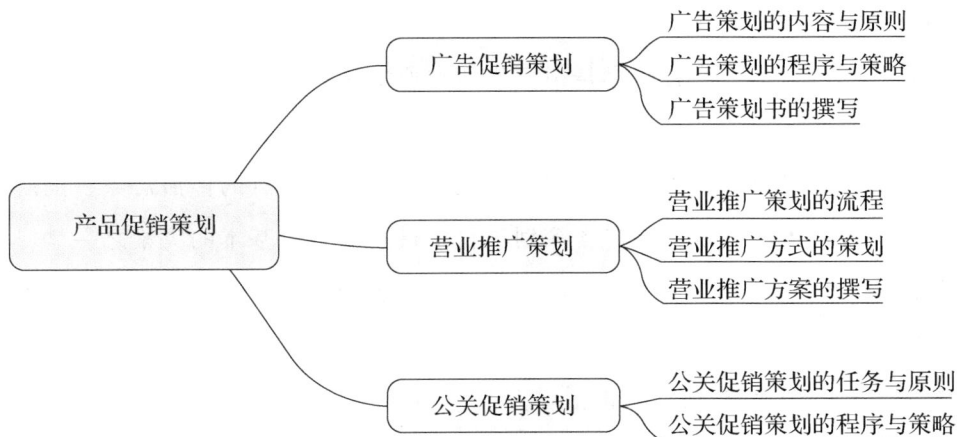

图 5-1　产品促销策划学习内容思维导图

　　促销策划就是对各种促销方式进行组合运用时具有创造性地谋划与设计。促销策划具体包括两个层面上的工作：一是单项促销策划，指促销策划是对公关促销、广告促销、营业推广和人员促销中的某一种促销手段进行的策划；二是整体促销策划，指对如何组合运用公关促销、广告促销、营业推广和人员促销所进行的策划。

任务一　广告促销策划

任务描述

　　广告作为信息传播手段之一，是现代企业实现最终盈利目标不可或缺的促销手段，是企业实现与消费者沟通的重要桥梁。广告策划充满智慧、创意，还有一些神秘意味，是现代经济的必然产物。通过完成本任务，学生能够灵活运用广告设计技巧进行广告促销策划。

相关知识

一、广告策划的内容与原则

　　广告策划是根据广告主的营销计划和广告目标，在市场调查的基础上，制订出一个与市场情况、产品状态、消费群体相适应的经济有效的广告计划方案，并加以评估、实施和检验，从而为广告主的整体经营提供良好服务的活动。

1. 广告策划的内容

（1）确定广告目标。广告目标是指广告活动所要达到的目的，它是由企业的营销目标决定的。

（2）明确广告对象。广告对象又称目标受众，是广告信息的传播对象，即广告信息的接收者。广告对象的确定，是广告策划项目中最重要、最基本的决策之一。

（3）提炼广告主题。广告主题是广告的中心思想和灵魂，是广告活动为达到某种目的所要说明和传播的最基本的观念。它统率广告作品的创意、文案、形象等要素，把广告各要素组合成一个完整的广告作品。

（4）制订广告战略。广告战略一般包括以下3个方面的内容。

① 整体思想的确立：如"以人为本"的思想、可持续发展的思想、经济全球化的思想等。

② 广告战略的目标与重点：包括市场目标、形象目标、利益目标和品牌目标等。

③ 广告战略方案的设计与实施：广告战略思想的确立是广告战略策划的基础，广告目标的制订是广告战略策划的核心，对内、外环境进行分析是广告战略策划的前提，明确广告战略策划任务是广告战略策划的条件，而广告战略设计则是广告战略策划的关键。

（5）编制广告预算。预算活动经费是提高广告宣传活动经济效益和工作水平的重要保证，编制广告预算是按照广告宣传目标和活动方案将所需的费用分成若干项目，列出经费清单，准确地预算出单项活动和全年活动的成本，有利于企业进行统筹安排、事后核对和考查绩效。

（6）进行广告效果评估。广告效果评估主要是运用科学的方法来鉴定所做广告的效益。广告效益包括以下3个方面的内容。

① 广告的经济效益：指广告促进商品或服务销售的程度和企业的产值、利税等经济指标增长的程度。

② 广告的心理效益：指消费者对所做广告的心理认同程度、购买意向和购买频率。

③ 广告的社会效益：指广告是否符合社会公德，是否寓教于销。

2. 广告策划的原则

（1）真实性原则。真实，即符合实际和现状。广告策划的真实性是指广告策划的内容必须以事实为基础，是对客观实际的准确把握和真实反映。真实是广告的第一生命，也是广告策划的首要原则。

（2）新颖性原则。新颖是广告策划的生命，也是实现广告目标的保证。广告策划要坚持新颖性原则，力求以新取胜，给人以不落俗套、耳目一新的全新感受。

小案例

山西汾酒的广告语是"汾酒必喝，喝酒必汾"，很巧妙地将一句著名哲言加以改造，创意新颖，一下子就被人记住了。

力邦漆处处放光彩的电视广告儿童篇，采用各种肤色的异国光屁股小孩的前后形象，将不同颜色的油漆涂于多个孩子的小光屁股上，让他们背对观众，较夸张地扭动。广告表现新颖不俗，画面简单、有趣，富有内涵，不但表明力邦漆行销世界各地"处处放光彩"，而且表明力邦漆颜色逼真、接近自然，很好地体现了新颖性原则。

（3）法律道德原则。广告作为大众传播行为，是一种有责任的信息传递、一项严肃的社会活动。它不仅影响着广告主的生产经营活动，而且也影响着人们的人生观、价值观、审美情趣、生活方式和消费观念，理应受法律和道德约束，需要通过法律和社会伦理对广告活动加以规范。

（4）组合原则。广告策划是一项系统性很强的组合工程，需要市场调研、方案写作、主题创意、美工、媒体等方面的有效组合。这些方面的组合、协调程度直接影响着营销整体的格局。

（5）心理原则。从广告作用于消费者的全过程来看，消费者从接受广告到消费，要经历引起注意、激发兴趣、刺激欲望、加强记忆、诱发购买 5 个阶段，因此，广告策划必须遵循消费者的这一心理活动规律。

（6）效益原则。广告策划要遵循效益原则，策划者应严格核算，在不同方案中选择成本低、效果好、效益大的方案，以最少的投入，带来最大的效益。

二、广告策划的程序与策略

1. 广告策划的程序

（1）成立广告策划小组。

（2）向有关部门下达任务。

（3）商讨此次广告活动的战略战术，进行具体的策划工作。

（4）撰写广告策划报告。

（5）向客户递交广告策划报告并由其审核。

（6）将策划意图交职能部门实施。

2. 广告策划的策略

（1）广告定位策划。广告定位策划的出发点是受众分析，重点是定位和创意。定位是广告策划的基础，在广告策划工作中起到承上启下的重要作用。它将大量的调研报告浓缩成广告策划核心，可以就此迅速产生创意、找寻传播的独特主张。广告定位策划要注意以下 3 个方面。

① 关注竞争对手的定位：广告定位策划在定位过程中还要给竞争对手定位，找出竞争对手的优势和劣势所在，然后针对其劣势并结合本产品的情况，制订相应的定位策略。

② 定位要在消费者心智上下功夫：市场中的定位实质上是寻找竞争对手的空隙，这个空隙也就是消费者心智上的空隙，这是进入消费者心智最可能的路径。

③ 考虑广告的再定位：企业一旦确定了广告定位就要保持一定的稳定性，但是为了适应竞争环境的变化，调整定位，进行适时的动态定位是必要的。

小案例

中国移动广告定位策划如下。

对内：强化与全球通、动感地带的区别，发挥自己的品牌和业务优势。

对外：积极面对来自如意通、小灵通等竞争对手的威胁，增加品牌感知度，扩大品牌影响力。

（2）广告创意策划。广告创意是广告策划的灵魂，广告创意的基础是产品及其特点。离开了产品性能、质量及优点，广告内容和形式上的创新构想就可能违背真实可靠原则。广告创意策划应遵循以下基本原则。

① 创意要贴切、达意：广告创意中"贴切"的"贴"是指贴近产品，"切"是指切中消费者心理，这是最为重要的两个着眼点。广告创意要表达得贴切，关键在于紧扣产品和消费者，并采用简单、关联、创新、震撼人心的点子。

② 创新的原则：有创新的东西才叫创意，广告创意策划应力求在创新上做文章，要善于借鉴一些伟大的创意来提升创意的高度。

小案例

　　百威（Budweiser）是世界知名的啤酒品牌，于 1876 年诞生于美国。为了确立"第一位，高大的百威"的形象，百威的广告构图以超现实的想象营造了系列组画，山体般高大的百威，给人的视觉以强烈的冲击。下游冲浪的人们显得渺小但自由、欢快，在这一背景下冲浪确实很爽。视觉冲击力能造成第一眼的印象，这便是广告创意追求的最初效果。

③ 创意的文化原则：卓越的广告创意必须能对产品的文化内涵进行深层开发，从文化内涵的边际效应中寻找创意的切入点，以更好地满足消费者的个性化消费思维和多元化文化价值观。

（3）广告传播策划。在广告策划中，传播问题非常重要，这主要是因为广告定位、广告创意都要通过媒体广告传播出去。那么，如何传播是一个关键。完整的广告传播策划分为以下 3 个方面。

① 传播范围。

② 传播的期限、时间及频率。

③ 传播效果与调整。

三、广告策划书的撰写

1. 广告策划书的基本内容

一份完整的广告策划书至少应包括 10 个方面的内容：封面、目录、前言、市场分析、广告战略、广告对象、广告地区、广告策略、广告预算和广告效果预测。

（1）封面。封面可提供 6 个信息：策划书的名称（从名称中可反映本策划书的主要内容）；被策划的客户；策划机构或策划人的名称；策划完成的日期；策划书编号；简要提示（可用简明扼要的文字对策划书做简要提示）。

（2）目录。目录一般放在封面之后，它实际上是策划书的简要提纲。看过目录之后，就会对策划书的内容有大概的了解，并能容易地把握策划的线索。

（3）前言。前言应简明扼要地说明广告活动的时限、任务和目标，必要时还应说明广告主的营销战略。这是全部计划的纲要，它的目的是把广告计划的要点提出来，让企业最高层次的决策者或执行人员快速阅读和了解，使其对策划的某一部分有疑问时，能通过翻阅该部分迅速了解细节。所以，这部分内容不宜太长，以数百字为佳，有的广告策划书称这部分为执行摘要。

（4）市场分析。市场分析一般包括 4 个方面的内容：企业经营情况分析；产品分析；市场分析；消费者研究。撰写市场分析时应根据产品分析的结果，说明广告产品自身所具备的特点和优点；再根据市场分析的情况，把广告产品与市场中各种同类商品进行比较，并指出消费者的爱好和偏向；如果有可能，也可提出广告产品的改进或开发建议。有的广告策划书称市场分析为情况分析，简短地叙述广告主及广告产品的历史，对产品、消费者和竞争者进行评估。

（5）广告战略。广告战略或广告重点部分，一般应根据产品定位和市场研究结果，阐明广告策略的重点，说明用什么方法使广告产品在消费者心目中建立深刻的印象；用什么方法刺激消费者产生购买兴趣；用什么方法改变消费者的使用习惯，使消费者选购和使用广告产品；用什么方法扩大广告产品的销售对象范围；用什么方法使消费者形成新的购买习惯。有的广告策划书在这部分内容中增设促销活动计划，写明促销活动的目的、策略和设想；也有将促销活动计划作为单独文件处理的。

（6）广告对象。广告对象或广告诉求部分，主要根据产品定位和市场研究来测算出广告对象有多少人、多少户。根据人口研究结果，列出有关人口的分析数据，概述潜在消费者的需求特征和心理特征、生活方式和消费方式等。

（7）广告地区。广告地区或诉求地区部分，应确定目标市场，并说明选择此特定分布地区的理由。

（8）广告策略。广告策略部分，要详细说明广告实施的具体细节。撰文者应将所涉及的媒体计划清晰、完整而又简短地设计出来，详细程度可根据媒体计划的复杂性而定；也可另行撰写媒体策划书。该部分一般至少应清楚地叙述所使用的媒体、使用该媒体的目的、媒体策略和媒体计划；如果选用多种媒体，则需对各类媒体的刊播及如何交叉配合加以说明。

（9）广告预算。广告预算及分配部分，要根据广告策略的内容，详细列出媒体选用情况及所需费用、每次刊播的价格，最好能制成表格，列出调研、设计、制作等费用；也有人将这部分内容列入广告预算书中专门介绍。

（10）广告效果预测。广告效果预测部分，主要说明经广告主认可，按照广告计划实施广告活动预计可达到的目标，这一目标应该和前言部分规定的目标任务相呼应。

在实际撰写广告策划书时，上述 10 个部分可有增减或合并分列，如可增加公关计划、广告建议等部分，也可将最后的部分改为结束语或结论，根据具体情况而定。

2. 广告策划书的结构形式

第 1 部分：市场分析，如表 5-1 所示。

表 5-1　　　　　　　　　　　　　广告策划市场分析

组成部分	次序	主要内容	具体说明
营销环境分析	1	宏观环境分析	宏观经济形势 政治法律环境 文化环境
	2	微观环境分析	供应商与企业的关系 营销中间商与企业的关系
	3	市场概况	市场规模 市场构成 市场构成的特征
	4	营销环境分析总结	机会与威胁 优势与劣势 重点问题
消费者分析	1	消费者总体消费态势	—
	2	现有消费者分析	现有消费群体的构成 现有消费者的消费行为 现有消费者的消费态度
	3	潜在消费者分析	潜在消费者的消费特征 潜在消费者的购买行为
	4	消费者分析总结	主要分析现有消费者、潜在消费者、目标消费者的机会与威胁、优势与劣势、重点问题

续表

组成部分	次序	主要内容	具体说明
产品分析	1	产品特征分析	产品性能、产品质量、产品价格、产品材质、生产工艺、产品外观和包装
	2	产品生命周期分析	—
	3	产品品牌形象分析	企业赋予产品的形象 消费者对产品形象的认知
	4	产品定位分析	产品预期定位 消费者对产品定位的认知 产品定位效果
	5	产品分析总结	主要分析现有产品特性、产品生命周期、产品形象和产品定位 机会与威胁 优势与劣势 重点问题
企业与竞争对手竞争状况分析	1	企业在竞争中的地位	分析市场占有率、消费者认知、企业自身的资源和目标
	2	企业的竞争对手	分析竞争对手基本情况、优势与劣势、竞争策略
	3	企业与竞争对手的比较	机会与威胁 优势与劣势 重点问题
企业与竞争对手的广告分析	1	企业与竞争对手以往的广告活动概况	重点分析广告开展的时间、开展的目的、投入的费用、主要内容等
	2	企业与竞争对手以往的广告目标市场策略	广告活动针对什么样的目标市场 目标市场的特性如何 有何合理之处 有何不合理之处
	3	企业与竞争对手的产品定位策略	—

续表

组成部分	次序	主要内容	具体说明
企业与竞争对手的广告分析	4	企业与竞争对手以往的广告诉求策略	诉求对象是谁 诉求重点是什么 诉求方法是什么
	5	企业与竞争对手以往的广告表现策略	广告创意如何、有何优势、有何不足 广告主题如何、有何合理之处、有何不合理之处
	6	企业与竞争对手以往的广告媒体策略	媒体组合如何、有何合理之处、有何不合理之处 广告发布的频率如何、有何优势、有何不足
	7	广告效果	广告在消费者认知方面有何效果 广告在改变消费者态度方面有何效果 广告在消费者行为方面有何效果 广告在直接促销方面有何效果 广告在其他方面有何效果 广告投入的效益如何
	8	总结	竞争对手在广告方面的优势 企业自身在广告方面的优势 企业以往在广告中应该继续保持的内容 企业以往广告突出的优势

第 2 部分：策略分析，如表 5-2 所示。

表 5-2　　　　　　　　　　　　　　广告策划策略分析

组成部分	次序	主要内容	具体说明
广告目标	1	企业提出的目标	—
	2	根据市场情况可以达到的目标	—
	3	对广告目标的表述	—

续表

组成部分	次序	主要内容	具体说明
目标市场策略	1	企业市场观点的分析与评价	① 企业所面对的市场 ② 企业市场观点的评价 • 机会与威胁 • 优势与劣势 • 重点问题
	2	企业的目标市场策略	① 目标市场的选择依据 ② 目标市场的选择策略
产品定位策略	1	对产品定位的表述	—
	2	定位的依据与优势	—
广告诉求策略	1	广告诉求对象	① 诉求对象的表述 ② 诉求对象的特性与需求
	2	广告诉求重点	① 对诉求对象需求的分析 ② 对所有广告信息的分析 ③ 广告诉求重点的表述
	3	诉求方法策略	① 诉求方法的表述 ② 诉求方法的依据
广告表现策略	1	广告主题策略	① 对广告主题的表述 ② 广告主题的依据
	2	广告创意策略	① 广告创意的核心内容 ② 广告创意的说明
	3	广告表现的其他内容	① 广告表现的风格 ② 各种媒体的广告表现 ③ 广告表现的材质
广告媒体策略	1	对媒体策略的总体表述	—
	2	媒体的地域	—
	3	媒体的类型	—

续表

组成部分	次序	主要内容	具体说明
广告媒体策略	4	媒体的选择	① 媒体选择的依据 ② 选择的主要媒体 ③ 选用的媒体简介
	5	媒体组合策略	—
	6	广告发布时机策略	—
	7	广告发布频率策略	—

第 3 部分：广告计划，如表 5-3 所示。

表 5-3　　　　　　　　　　　广告计划

组成部分	次序	主要内容
广告目标	1	—
广告时间	1	在各目标市场的开始时间
	2	广告活动的结束时间
	3	广告活动的持续时间
广告目标市场	1	—
广告诉求对象	1	—
广告诉求重点	1	—
广告表现	1	广告的主题
	2	广告的创意
	3	各媒体的广告表现：平面设计、文案、电视广告分镜头脚本
	4	各媒体广告的规格
	5	各媒体广告的制作要求
广告发布计划	1	广告发布的媒体
	2	各媒体的广告规格
	3	广告媒体发布排期表

续表

组成部分	次序	主要内容
广告费用预算	1	广告策划创意费用
	2	广告设计费用
	3	广告制作费用
	4	广告媒体费用
	5	其他活动所需要的费用
	6	机动费用
	7	费用总额

第4部分：广告活动的效果预测和监控，如表5-4所示。

表5-4　　　　　　　　　　　广告活动的效果预测和监控

组成部分	次序	主要内容
广告效果的预测	1	广告主题测试
	2	广告创意测试
	3	广告文案测试
	4	广告作品测试
广告效果的监控	1	广告媒体发布的监控
	2	广告效果的测定

任务实施

【实训目的】

通过实训，学生明确广告创意是广告策划的核心，进一步熟悉和把握广告创意策划的原则和方法，提高广告策划能力。

【实训内容】

依据背景资料，进行案例分析与讨论，并完成以下问题：

1. 贝尔电话公司的广告创意的特点有哪些？

2. 在广告创意策划时，如何运用情感诉求的手段达到广告的目的和效果？

3. 借鉴贝尔电话公司的广告创意，为某保健品设计一个广告创意。

【背景资料】

贝尔电话公司的广告创意

一天傍晚，一对老夫妇正在用餐，电话铃响起，老妇人去另一个房间接电话。回来后，老先生问："谁的电话？"老妇人回答："女儿打来的。"老先生又问："有什么事？"老妇人回答："没有。"老先生惊讶地问："没事几千里地打来电话？"老妇人呜咽道："她说她爱我们。"两人顿时相对无言、激动不已。这时出现旁白："用电话传递你的爱吧！"这是一则十分成功的广告，它以脉脉温情打动了天下父母及儿女们的心。

应当承认，老年人是孤独、寂寞的。一个人，无论他以前取得过何等成功，拥有过何等辉煌，展示过何等荣耀，当生命的暮钟訇然敲响时，"夕阳无限好，只是近黄昏"的感叹就油然而生。垂暮之年的凄凉是难以言喻的。对背负着人生征途上的搏弈的疲惫老人来说，功名利禄、金钱仕宦早已是明日黄花、过眼烟云。此时此刻，他们最需要的不是别的，而只是一个字——"爱"，亲子之爱、朋友之爱……这则广告正是从儿女与父母的感情入手，描绘并展现了一幅孝心浓浓、爱意满满的温馨、美丽、动人的亲情画面，让我们时时体会那爱的簇拥，充分唤起了人们对家庭亲情的留恋、回忆、追求和憧憬。电话有线，亲情无限。

贝尔电话连接着千家万户，沟通着亲人们的心灵，缩短了亲人们的感情距离。古语云："攻心为上。"这句话同样适用于商战。任何一笔交易，实际上都蕴含着一种人际关系，是一种人际感情的交流，企业与消费者之间更需要一种真切、亲近的感情交流。感情是一种巨大的力量，正如18世纪法国启蒙思想家狄德罗所述："没有感情这个品质，任何笔调都不可能打动人心。"

广告能够通过构思、创造意境来沟通产品与顾客的情感，表现主题，向顾客传递有关的产品信息。广告创意的生命力在于它的独特性、情节性，以及自身所蕴含的丰富想象力。贝尔电话公司的广告创意视角独特，从家庭亲情入手，从儿女与父母的感情交流着笔，既向消费者展示了一幅动人心弦的亲情画卷，又向消费者巧妙地传达了企业的商业动机，较好地实现了广告的目标。

【实训步骤】

1. 学生以营销策划小组为单位，认真阅读背景资料，进行角色分工。

2. 学生根据情景模拟题目展开讨论、分析，构思策划过程、策划内容和实施步骤。

3. 学生推选代表进行角色扮演，在课堂上模拟广告创意策划的全过程。

4. 学生组织评审团，评定分析情景模拟过程。

注意　　角色扮演采取轮流扮演制，力争让每个学生都有机会得到各种角色的锻炼。

【实训考核】

1. 考核内容：相关资料准备是否充分、小组讨论是否热烈、分析是否有一定深度和广度、是否能够将所学知识运用自如。

2. 考核方法：首先由学生自评，然后由小组互评，最后教师综合评出小组成绩，在此基础上给出个人最终成绩。

任务二　营业推广策划

任务描述

狭义的促销（Sales Promotion，SP）策划即单指营业推广策划，也称销售促进策划，简称 SP 策划，是为刺激消费者购买和经销商销售而设计促销活动及措施。营业推广策划的重点是迅速增加当前商品的销售量，关键是发觉新颖、独特的创新思维，它要与其他促销策划相配合。通过完成本任务，学生能够制订营业推广促销方案。

相关知识

一、营业推广策划的流程

营业推广策划的流程如图 5-2 所示。

确定营业推广目标	营业推广目标是围绕着与产品有关的 3 个主角展开的，例如，针对消费者，其目标是刺激购买；针对中间商，其目标是取得他们的合作，为企业经销产品，并使他们对企业及企业产品忠诚；针对推销员，其目标是鼓励他们多推销产品，刺激其寻找更多的顾客。
选择营业推广方式	营业推广的方式有很多，企业在选择时，应考虑企业营销目标、市场竞争状况、推销方式的成本与效益、推销时间选择等。
制订营业推广方案	制订营业推广方案要考虑鼓励规模、推广途径、持续时间、推广时机的选择及推广经费的预算等。
测试方案的促销效果	首先要在执行方案前先进行试点效果测试，来确定鼓励规模是否最佳、推广形式是否合适、途径是否有效；试点成功后再组织全面实施营业推广方案；在执行过程中，要实施有效的控制，及时反馈信息，发现问题后要采取必要措施，调整和修改原方案。
评估营业推广效果	最常用的方法是比较推广前、推广中、推广后的销售额数据，以评估其效果大小，总结经验教训，不断提高营业推广的促销效率。

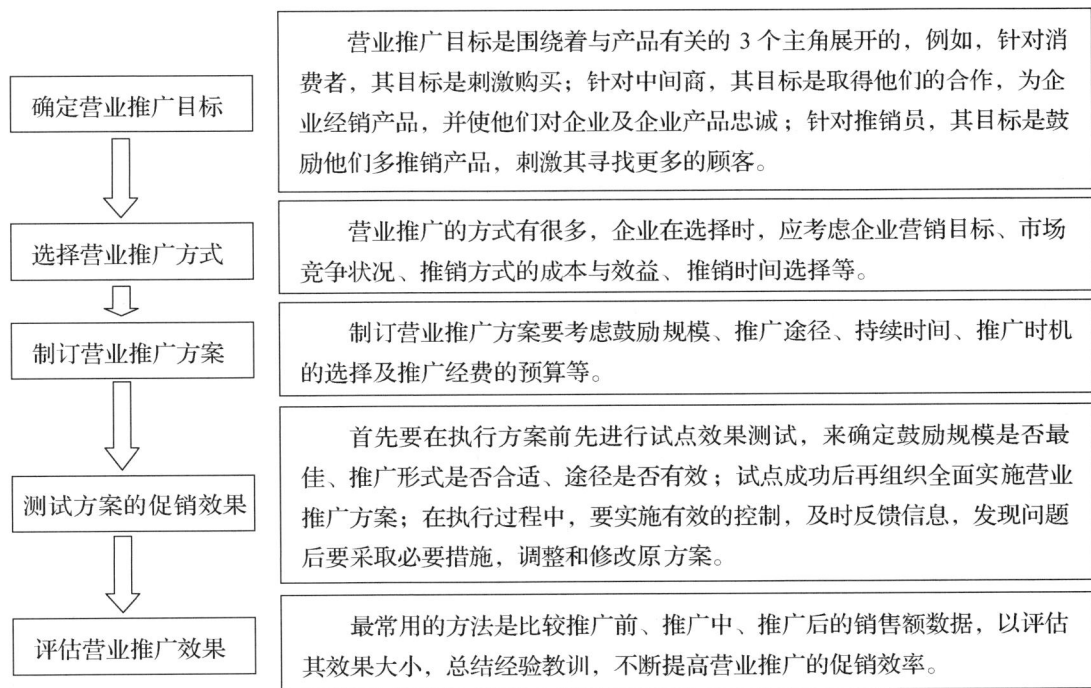

图 5-2　营业推广策划的流程

二、营业推广方式的策划

营业推广主要有营业宣传推广和营业销售推广两种方式。

1. 营业宣传推广方式

（1）营业场所的装饰与布置。营销人员要根据可经营产品和目标市场消费者的行为特点设计营业场所的装饰布置，为消费者提供一个赏心悦目、心情舒畅的购买环境，吸引更多现实消费者和潜在消费者。

（2）产品出样和陈列。样品是消费者所购产品的示范和证实，做好产品出样，让消费者检验，以诱导购买行为。产品陈列即要根据经营产品的特点进行展示、摆放，一方面可以美化店容，另一方面可以展示产品本身，吸引购买者。

（3）橱窗布置。橱窗是广告的形式，也是营业推广的重要形式，它起着介绍产品、树立产品形象的作用。陈列琳琅满目产品的橱窗还反映了人民生活水平的提高。

（4）产品试验。产品试验是坚定消费者的购买信心、赢得消费者的重要手段。企业根据产品的自然属性和特点，可采取不同的试验方法来取信消费者，如试听音响产品，试骑自行车等。

（5）提供咨询服务。提供咨询服务即为消费者提供信息，传授产品知识，解决疑难问题，从而坚定其购买信心。

2．营业销售推广方式

（1）对消费者的推广方式。对消费者的推广方式有赠送样品、折价赠券、有奖销售、交易印花、消费信贷等。

（2）对中间商的推广方式。对中间商的推广方式为代销。代销主要是制造企业委托代理商、经销商销售产品，按规定进行利益分配的一种营业推广方式。它对迅速扩大分销渠道、销售网络是十分有效的。

（3）做好售前、售后工作。现代营业推广方式不仅多样化，而且需要在售前做好一系列的软、硬条件准备，同时更注重售后服务工作，达到推销的最佳效果。

3．营业推广的策略

（1）针对消费者的策略。针对消费者的策略有赠送样品、有奖销售、现场表演和特殊包装。特殊包装即利用产品包装向消费者提供一种附加利益，最终吸引消费者购买的做法。例如，在包装中夹一张折价购买券，持有者在有效期内，到指定的购货地点采购可享有价格优惠。企业在向消费者推销产品时负担一部分运输包装费用，这是推销中常用的一种方法。

（2）针对中间商的策略有以下5种。

① 提供津贴：为了鼓励中间商积极推销新产品或库存过大的产品，企业在一定时期向购买该产品的中间商提供一定金额的津贴。

② 推销折扣：对长期合作或销售努力的中间商给予一定的折扣，以回馈他们的贡献。

③ 合作广告：即资助中间商，与他们一起进行广告宣传，共同开发市场，寻找潜在的消费者。

④ 节日公关：在节日来临之际，集中举办各类招待会、免费旅游等活动，邀请中间商参加，以加强彼此的合作。

⑤ 业务会议：即在每年的销售旺季举行定货会、洽谈会，在短期内以集中订货、补货促成大量交易。

（3）针对推销人员的策略有以下4种。

① 销售红利：为了鼓励推销人员积极推销，企业规定按销售额或利润提成。

② 推销竞赛：为了刺激和鼓励推销人员努力推销产品，企业制订一些推销奖励办法，对成绩优良者给予奖励。具体奖励可以是现金，也可以是物品或旅游等。

③ 推销回扣：回扣是推销额中提取出来的作为推销人员推销产品的奖励或酬劳，利用回扣方式将推销业绩与报酬结合起来，有利于促使推销人员积极工作、努力推销。

④ 职位提拔：对业务做得出色的推销人员进行职务提拔，鼓励他将好的经验传授给一般推销人员，有利于优秀推销人员的培养。

实时互动

请收集日常生活中的企业营业推广案例，看看别人是怎么开展推广的？

三、营业推广方案的撰写

1. 营业推广方案撰写的内容要求

一份完善的促销活动方案分为以下 12 个部分。

（1）活动目的。撰写营业推广方案，首先要对市场现状及活动目的进行阐述。

（2）活动对象。活动对象是指活动针对的是目标市场中的每一个人还是某一特定群体，活动控制在多大范围，以及哪些人是促销的主要目标。

（3）活动主题。

① 主题的基本要素：品牌名称、促销利益点。

② 主题的常见形式：庆贺式、利益直白式和利益模糊式。

（4）活动方式。营业推广活动方式的主要内容一般包括活动方式小主题、活动时间、活动内容、活动规则或具体操作规则等。

（5）活动时间和地点。促销活动在时间上要尽量让消费者有空参与，在地点上也要让消费者方便，而且要事先与城市管理局、工商局等部门沟通好。不仅进行促销活动的时机和地点很重要，对其持续时间的长短也要进行深入分析。

（6）广告配合方式。广告配合方式的主要内容包括媒体选择、广告语、宣传时间、宣传频率（电视和广播）、投放地点、版面和规格（户外广告和报纸）。

（7）前期准备。活动前期准备包括设计流程安排表、人员安排表、物料准备表等。

（8）中期操作。中期操作主要是指活动纪律和现场控制。现场控制的主要内容包括活动现场实施流程表、现场人员分工明细表、导购人员的分工、导购员的促销程序和规范。

（9）后期延续。后期延续主要是指媒体宣传问题，即对这次活动采取何种方式、通过哪些媒体进行后续宣传。

（10）费用预算。费用预算是指对促销活动的费用投入和产出做出预算。

（11）意外防范。每次活动都可能出现一些意外，如政府部门的干预、消费者的投诉等，营业推广活动策划必须对可能出现的意外事件做必要的人力、物力、财力方面的准备。

（12）效果预估。效果预估是指预测这次活动会达到什么样的效果。

2. 营业推广策划的一般文案格式

××营业推广活动策划方案

一、前言	八、广告配合方式
二、市场状况分析	九、活动前期准备
三、活动目的	十、现场控制和活动纪律
四、活动对象	十一、活动后续工作
五、活动主题	十二、活动费用预算
六、活动时间和地点	十三、意外防范
七、活动方式	十四、活动效果预估

拓展案例

百事可乐"炫音飞车"音乐活动策划（校园版）

一、项目背景

（1）百事可乐开展年度音乐主题活动。

（2）音乐主题活动需要多方位的有效宣传。

（3）卡车的机动能力为巡回演出创造了必要条件。

（4）经验证明，卡车巡演对特定目标具有特殊的吸引力。

二、活动目的

（1）提升百事可乐音乐主题在特定细分市场的知晓率和形象。

（2）基于消费者对百事可乐音乐主题活动的知晓率，提高消费者参与度，推进促销活动。

（3）为特定细分人群提供亲身参与百事可乐品牌体验的机会，提升品牌的美誉度。

三、活动时间和地点

9 月 12～13 日　苏州　　苏州大学活动　　　　　　　2 场

9 月 19～20 日　杭州　　浙江大学活动　　　　　　　　2 场

四、活动主题

（1）切入点：令人兴奋的音乐体验。

（2）创意核心。

① 根据学校的特点，向细分人群传达有针对性的信息。

② 提供充分参与活动的互动体系。

③ 借助卡车营造独特的百事可乐音乐氛围，让参与者尽情享受生活中的音乐魅力。

（3）活动主题：百事可乐炫音飞车 2003。

五、活动流程

（1）插入图片：百事可乐炫音飞车 2003 活动流程图。

（2）前期宣传过滤参与人群。

（3）超炫布展带来强烈的视觉冲击。

（4）精彩表演提升音乐形象。

（5）全面参与环节增强互动体验。

（6）新奇、刺激的游戏过程提升品牌活动的通达效率。

六、前期宣传

如何在有效过滤活动参与人群的前提下增加公众活动的通达效率，营造现场气氛，并加强现场活动的可控制性，一直是那些得不到媒体支持的品牌活动的最大问题。解决这个问题对于我们开展音乐主题活动则更加重要。为此，我们计划在本次户外活动前期做如下安排。

（1）学校电台对活动进行宣传。

（2）在学校售卖点及食堂张贴海报。

（3）招募学生演唱组合，以及在留学生中招募具有西方民族特色的歌舞表演组合。

七、活动内容

1．超炫布展

（1）音乐卡车的使用与主题的呼应。

（2）车头热舞高台的设置具有强烈视觉冲击。

（3）学生乐队及留学生表演渲染全场气氛。

（4）人体彩绘装扮的"炫装影音人"成为穿梭全场的"暴走一族"带动学生全面参与。

2. 全面互动环节

如何在露天场所组织的音乐主题活动中充分渲染气氛以带动全场学生参与一直是我们希望突破的难点。在学校活动中，学生群体相对社会人群而言更具可控性，这也使学生全面参与成为可能。

3. 精彩表演

经验证明，由奔放的拉丁乐队带领下的表演气氛将大大优于普通乐队。但各城市条件不同，我们将尽量挑选各城市的优秀音乐资源进行表演。

4. 特邀乐队演出

学校活动特邀外国乐队演出，每场有 2～3 名外国乐手，包括鼓手、主唱和吉他手等。以节奏强烈、动感的乐曲表演，提升百事可乐品牌形象，激发目标人群的音乐热情。

5. 校园歌手演出

每所参加活动的学校由学生会视情况推举 2～5 名比较出色的校园歌手，在主题活动中担任表演嘉宾。每人可以自选歌曲参加表演，但必须演唱 1 首百事可乐品牌歌曲（可在历年品牌歌曲中自选）。每晚安排 2～3 名选手，每人演唱 2 首，可以自行伴舞，但所有节目必须事先提交活动组进行审核。

6. 超炫影音人

两位上身进行过人体彩绘的"超炫影音人"身背"百事可乐音乐影音宝盒"、脚穿"暴走鞋"来到台下，在主持人的配合下，在台下演出，或以溜冰造型出场，或富有激情地领舞，主动带领观众做简单的转圈等动作。

7. 百事可乐音乐的播放

在活动开始前 30 分钟以及活动开始后的暖场活动中，用投影仪播放百事可乐音乐的视频，营造气氛，提升百事音乐氛围。

8. 街舞表演

场上视情况进行篮球街舞表演。

9. 新奇游戏

（1）游戏"节奏炫影"。

道具：若干把租借的电子吉他。

参与：两名台下选手。

玩法：使用电子吉他进行两人间的节奏比拼。屏幕上按照音乐曲目节奏出现 3 种颜色的标记，游戏者需要按照屏幕提示及时拨动相应琴弦方可加分继续游戏，直至有1人被淘汰为止。胜利者可留台参与擂台挑战或领取奖品。

（2）游戏"冰爽狂飙"。

道具：结冰的355毫升百事可乐易拉罐，节奏感强的音乐。

参与：3～5名台下选手和几名工作人员。

玩法：在百事可乐音乐的强烈节奏下，冰冻的百事可乐易拉罐在游戏者手中快速传递，音乐将要停止时，在音乐中加入强烈的鼓声。音乐停止时，手中持有百事可乐易拉罐的游戏者被淘汰。最终胜利者在获得礼品的同时，得到意外"奖励"，即要将可乐已经融化的部分喝下后再领奖。

（3）游戏"炫音魅影"。

道具：调光台及相应射灯，百事可乐明星歌曲音乐电视。

参与：3～4名游戏参与者。

玩法：4名选手同时上台，播放百事可乐明星歌曲的原唱，选手和声演唱。进行到一半时，光束突然对准其中某一位选手，同时原唱消失，要求选手接唱，从而逐个淘汰选手，直到歌曲完成。

（4）游戏"灌篮高手"。

道具：特制篮球架、篮球。

参与：两人一组，共两组游戏参与者。

玩法：4名选手同时上台，两人一组，背靠背运球至篮球架，并设法将球投入篮球框。在规定时间内，入球多者为胜。

任务实施

【实训目的】

通过实训，学生能够明确公司开展促销策划的意义，进一步掌握促销策划的目的、内容和操作流程，提高学生的策划动手能力。

【实训内容】

为红豆居家旗舰店撰写节日促销策划方案

1. 节日促销策划的原则及操作要领。

2. 节日促销策划活动方案的设计。

3. 节日促销策划主题的设计。

4. 节日促销策划方案的具体内容与格式。

【背景资料】

红豆居家开创新型连锁商业模式

由红豆集团打造的红豆居家连锁商业模式以创新的连锁模式、亲民的平价策略在居家行业中引起了高度关注。业内将这种销售策略视为红豆品牌成功延伸、拓展的关键。

红豆居家的负责人表示，有信心把红豆居家这个模式打造成服饰界的"苏宁"。据介绍，红豆居家产品系列以"HODOHOME"为商标，以"打造中国主流生活方式——休闲、自然、乐活"为推广主题，以"提供居家生活服饰一站式购物场所及服务"为品牌核心价值理念，倡导"平实、平和、平价、平民"的消费理念。所谓居家产品，是以门里、门外为界线的，门里的就是居家产品，包括内衣、内裤、文胸、袜子、毛巾、家纺系列、居家服饰等产品。红豆通过温馨的仿真居家生活环境布置，使居家产品有机地融合在一个店铺中，充分体现了居家生活的舒适、轻松和愉快。

2009 年 5 月，红豆居家南京湖南路夫子庙店隆重开业，该店的开业意味着红豆居家又一个概念旗舰店的诞生，为红豆居家创造了一个新的里程碑。门店总面积达 800 平方米，分上、下两层：一屋主要经营内衣、家居服、文胸、短裤、童装系列；二层主要经营小家纺系列。整个店堂以米色为主色调，依据居家生活环境布置，将购物、娱乐、休息融为一体，给人以一种家的温馨感。

【实训步骤】

1. 学生阅读背景资料，明确节日促销策划方案的格式构成。

2. 学生选定节日，明确促销目标。

3. 学生进行节日促销策划分析，包括产品分析、竞争者分析、创意分析、预算分析等。

4. 学生整理策划思路，撰写策划方案。

5. 学生制作 PPT 文档，组织全班交流。

【实训考核】

1. 考核内容：节日促销策划方案的质量、团队合作的能力和实训完成的时间。

2. 考核方法：首先由学生自评，然后由小组互评，最后教师综合评出小组成绩，在此基础上给出个人最终成绩。

任务三　公关促销策划

任务描述

　　公关促销策划是指企业对各种公共关系活动的运筹和谋划，企业形象的宣传和树立必须依靠公关促销策划。公关促销策划的核心，就是解决以下 3 个问题：一是如何寻求传播沟通的内容和公众易于接受的方式；二是如何提高传播沟通的效能；三是如何完善公关工作体系。通过完成本任务，学生能够理解和运用公关促销策划的程序，设计不同的公关促销策划方案。

相关知识

一、公关促销策划的任务与原则

　　公关促销策划并不是推销某个具体的产品，而是利用公共关系，把企业的经营目标、经营理念、政策措施等传递给社会公众，使公众对企业有充分了解；对内协调各部门的关系，对外密切企业与公众的关系，扩大企业的知名度、信誉度和美誉度。为企业营造一个和谐、亲善、友好的营销环境，从而间接地促进产品销售。

　　1. 公关促销策划的任务

　　（1）树立企业形象。

　　（2）建立信息网络。

　　（3）处理公共关系。

　　（4）消除公众误解

　　（5）分析预测市场形势。

　　（6）促进产品销售。

　　2. 公关促销策划的原则

　　（1）求实原则。

　　（2）系统原则。

　　（3）创新原则。

（4）弹性原则。

（5）伦理道德原则。

（6）心理原则。

（7）效益原则。

二、公关促销策划的程序与策略

1. 公关促销策划的程序

公关促销策划的程序如下所述。

（1）公关信息收集。在公关促销策划中，主要收集的信息包括政府决策信息、新闻媒介信息、立法信息、产品形象信息、竞争对手信息、消费者信息、市场信息、企业形象信息和销售渠道信息等。所收集的信息经过整理、加工、分析、提炼等过程，最后被归档和科学分类储存。

（2）公关目标策划。公共关系的总体目标是树立组织的良好形象。它具有 4 个要素：传播信息，这是最基本的公关目标；联络感情，这是公关工作的长期目标；改变态度，这是公关实践中所追求的主要目标；引起行为，这是公关关系的最高目标。

（3）公关对象策划。确定与组织有关的公众是公关策划的基本任务，否则，其无法有效地开展公关工作。一般来说，公关对象策划有以下两大步骤。

第一，鉴别公众的权利要求，公关在本质上是一种互利关系。一个成功的计划必须考虑到互利的要求，要做到这一点，就必须明确公众的权利要求。

第二，对公众对象的各种权利要求进行概括和分析，先找出各类公众权利要求中的共同点和共性问题，把满足各类公众的共同权利要求作为设计组织总体形象的基础。进行概括和分析时，应注意不要简单地按照公众的常规地位或表面一致性来考察，而应从各类公众的意图、权利要求、行为等方面加以考察。

（4）公关策略策划。公关策略是公关策划者在公关活动过程中，为实现组织的公关目标所采取的对策和应用的方式与特殊手段。

（5）公关时机策划。俗话说：机不可失，时不再来。时机对一个公关策划人员来说，可以说是关键。抓住机遇，及时公关，可起到事半功倍的效果。

（6）公关决策与公关效果评估。公关决策就是对公关活动方案进行优化、论证和决断。方案的优化可以从 3 个方面考虑：增强方案的目的性；增加方案的可行性；降低耗费。方案优化的方法有重点法、轮变法、反向增益法、优点综合法等。

2. 公关促销策划的策略

公关促销策划的主要策略包括以下 6 种。

（1）宣传性公关策略。宣传性公关策略，即利用各种传播媒介直接向公众表白自己，以求最迅速地将组织信息传输出去，形成对自己有利的社会舆论。这是最常采用的公关模式，包括发新闻稿、登公关广告、召开记者招待会、举行新产品发布会、印发宣传材料、发表演讲、制作视听材料、出内部刊物和黑板报等具体策略。

（2）交际性公关策略。交际性公关，以人际交往为主，目的是通过人与人的直接接触，为企业广结良缘，建立起社会关系网络，创造良好的发展环境。其具体内容包括各种招待会、座谈会、宴会、茶会、慰问、专访、接待、个人信函、电话等。交际性公关特别适用于少数重点公众。

（3）服务性公关策略。服务性公关，以提供各种实惠的服务工作为主，目的是以实际行动获得社会公众的好评，树立企业的良好形象。其具体工作包括售后服务、消费引导、便民服务和义务咨询等。服务性公关能够有效地使人际沟通达到"行动"层次，是一种最实在的公共关系。

（4）社会性公关策略。社会性公关，以各种社会性、赞助性、公益性的活动为主，组织通过对社会困难行业的实际支持，为自己的信誉进行投资。其主要形式有举行开业庆典；举行周年纪念活动；主办传统节日活动；主办电视晚会；赞助文体、福利、公益事业；救灾扶贫等。

（5）征询性公关策略。征询性公关，以采集信息、调查舆论、收集民意为主，目的是通过掌握信息和舆论，为组织的管理和决策提供参谋。其具体工作包括建立信访接待制度、进行民意调查、建立热线电话和收集报刊资料等。征询性公关是一项日常的工作，要坚持不间断地进行下去。

（6）危机公关策略。危机公关中的危机既有"危"也有"机"，而公关的最终目标就是要实现两者之间的转变，即由"危"转"机"。

营销故事

两篇稿件

有一天，一位叫基泰斯的美国女记者在日本东京奥达克百货公司购买了一台电唱机，作为送给在东京的婆婆的见面礼。售货员彬彬有礼地为她精心挑选了一台半启封的电唱机。

当基泰斯回到住所开机试用时，却发现电唱机没有装内件，根本无法使用。她不禁怒不可遏，准备第二天一早就去同这家百货公司交涉，并于当晚赶写了一篇新闻稿，题目是《笑脸背后的真面目》，并发传真到她所供职的美国报社。

不料，次日清晨，一辆汽车开到她的住处，从车上走出的是奥达克百货公司的副经理和拎着大皮箱的职员。他俩一进客厅便俯首鞠躬，表示歉意。基泰斯十分吃惊地问他们是如何找到这儿的。

那位经理打开了记事簿，进述了大致经过。原来，昨天下午清查商品时，他发现错将一个空心的货样卖给了一位顾客。此事至关重要，所以他迅速召集全体公关人员商议，费尽周折，从顾客留下的一张美国某报的名片里发现了线索，打了35次越洋电话，最终总算从美国纽约得到了顾客东京婆婆家的电话号码，找到了顾客所在地。接着，经理亲手将一台完好的电唱机外加唱片一张、蛋糕一盒奉上。

奥达克百货公司所做的这一切深深打动了基泰斯。她马上打越洋电话到美国报社，告知报社又有新的稿件发出，昨天的传真稿件不要再发了，随后又赶写了一篇新闻稿：《35次紧急电话》。报社考虑到她两篇稿件的视点不同，配上编辑的话，将两篇稿件全部刊发。后来，奥达克百货公司把基泰斯寄给他们的报纸给了日本某报，日本的几家报纸竞相转发。从此，奥达克百货公司的声誉大大提高。一个女记者的两篇稿件无意中替一个百货公司打开了公关的大门。

思考：

国外一家大公司居于闹市的高层写字楼，尚待入住时，发现已有上百只鸽子将其当成了自己的家。假如你是该公司的主管，你将如何处理这些鸽子？

任务实施

【实训目的】

通过实训，学生能够深入理解公关策划的含义和价值，能够理解和运用公关策划的程序设计不同的公关策划方案。

【实训内容】

1. 学生依据背景资料，进行案例分析。

2. 实训结束后，学生以小组为单位，撰写实训报告。实训报告要格式规范、内容完整、结构合理、层次分明、分析正确、策略得当。

【背景资料】

蒙牛的 2018 年世界杯营销"天生要强"赚足眼球

从 2017 年年底签约世界杯，到第一杯世界杯酸奶的诞生；从签约梅西，到终端促销启动……本届世界杯的官方赞助商蒙牛以世界杯为契机，可谓实实在在地火了一把，其"天生要强"的广告语更是从赛场上火到了赛场外。蒙牛打赢了这场世界杯营销战，凭借的不仅仅是创意，还是蒙牛步步为营、全面而扎实的战略谋划。

"蒙牛 FIFA 世界杯"小程序引发狂欢

在如何提高蒙牛在世界杯期间品牌声誉的同时带动终端产品销量的命题下，"蒙牛 FIFA 世界杯"微信小程序开启了蒙牛世界杯线上线下互动营销热潮。线下，消费者在购买蒙牛产品时，通过扫码包装上的"玩转 FIFA 世界杯，扫码红包 100%"标志，即可赢取微信现金红包；线上，消费者通过小程序中的"集牛卡"活动，即可参与抽取"世界杯观赛双人游"等大奖活动。

蒙牛的小程序营销与品牌整合传播相结合，真正实现了品效合一。据悉，自"蒙牛 FIFA 世界杯"小程序发布以来，终端扫码总人次突破一亿，其热度指数已远超美团外卖、麦当劳、肯德基等常用小程序。

蒙牛为中国足球少年圆梦世界杯

蒙牛发起的旨在助力青少年足球发展的"踢球吧！少年强"活动，带领了中国足球少年走进世界杯赛场，在世界面前尽展中国足球新生代的风采。

值得一提的是，Facebook、YouTube、Instagram 等海外重量级社交媒体也十分关注中国少年足球队在世界杯期间的表现。中国少年足球队不仅让世界看到了中国足球未来的希望，更进一步将蒙牛的影响力带到全球。

"天生要强"成为年度热词

作为世界杯赛场上的巨星，梅西及其所在的阿根廷队的表现都牵动着万千球迷的心；而作为蒙牛的品牌代言人，梅西的表现更是牵动着蒙牛的"心"。世界杯期间，梅西的一举一动都备受蒙牛关注，蒙牛官方微博紧紧围绕梅西巧妙借势、贴合"天生要强"进行传播，使得蒙牛一次又一次成为舆论焦点。

蒙牛这波世界杯营销，从赛场内外，从线上到线下，从国际到国内，不仅让世界看到了中国品牌的民族自信，也让国人感受到，作为中国乳业的领军企业，蒙牛正带领着中国品牌、中国文化、中国足球走向未来。从这一层面而言，蒙牛当之无愧是本届世界杯"世界赛场"上的大赢家。

资料来源：《国际日报》

【实训步骤】

1. 学生认真阅读背景资料。

2. 学生分析 2018 年世界杯蒙牛的整合营销策略。

3. 学生进行一次头脑风暴，什么是世界杯营销？蒙牛 IP 营销的案例带给你怎样的灵感？

4. 学生汇总大家的意见完成小组实训报告。

【实训考核】

1. 考核内容：实训报告的质量、团队合作的能力和实训完成的时间。

2. 考核方法：首先由学生自评，然后由小组互评，最后教师综合评出小组成绩，在此基础上给出个人最终成绩。

项目小结

通过本项目的学习与训练，学生能够感悟促销策划的魅力，理解促销策划的含义，把握促销策划的各种方式，即广告策划、人员推销策划、营业推广策划和公关策划，能根据促销产品和时机的不同，策划合适的促销及促销组合方案，并能针对实际策划情况撰写一份高质量的促销策划书。

自我检测

一、单选题

1. 促销的目的是刺激消费者产生（　　　）。

    A. 购买行为
    B. 购买兴趣

    C. 购买决定
    D. 购买倾向

2. 如果广告创意中包含多个主题，就容易引起目标受众在思想上的混乱，从而降低广告的表达效果，由此要求广告设计要符合的原则是（　　　）。

    A. 主题性原则
    B. 真实性原则

    C. 简明性原则
    D. 艺术性原则

3. 某企业在推广其产品时，以"世界环境日"为号召，赠送环保手册给消费者，使其环保形象大为改善，该企业运用的公关策略是（　　　）。

　　A. 抓住轰动事件　　　　　　　　B. 跃入流行之潮

　　C. 协助全民活动　　　　　　　　D. 利用重要节日

二、多选题

1. 以下关于促销与营销关系的说法中正确的是（　　　）。

　　A. 促销就是营销　　　　　　　　B. 促销是营销策略中的一个部分

　　C. 促销是营销的发展　　　　　　D. 营销的重点是促销

2. 广告诉求按表现手法分为（　　　）。

　　A. 感性诉求　　　　　　　　　　B. 理性诉求

　　C. 利益诉求　　　　　　　　　　D. 无诉求

3. 营业推广的工具主要包括（　　　）。

　　A. 赠送样品　　　　　　　　　　B. 折价券

　　C. 交易印花　　　　　　　　　　D. 减价优待

三、简答题

1. 广告策划的要素有哪些？

2. 怎样进行广告定位策划和广告创意策划？

3. 营业推广策划应如何进行？包括的内容有哪些？

技能训练

为背景企业进行广告策划。

【实训目的】

通过本次实训，学生能为背景企业创作广告脚本，选择广告媒体，评价广告效果。

【实训内容】

1. 广告策划程序。

2. 广告策划方法。

3. 广告策划书的撰写。

【实训步骤】

1. 各策划小组选择背景企业，明确策划对象。

2. 背景企业广告内容创意。

（1）根据背景企业的目标市场情况及市场定位设定广告目标。

（2）确定广告要向消费者诉求什么？向哪些消费者诉求？产品的特性是什么？

（3）确定广告的表现形式。

（4）决定广告主题。

（5）决定广告信息的表达形式。

（6）为背景企业创作广告脚本。

3. 背景企业广告媒体选择。

（1）决定背景企业广告的媒体组合。

（2）决定背景企业广告的媒体传播时序。

4. 背景企业广告效果评价。

（1）评价背景企业广告的沟通效果。

（2）评价背景企业广告的销售效果。

5. 工作成果：广告策划方案。

【实训考核】

1. 考核内容：广告策划方案的质量、团队合作的能力和实训完成的时间。

2. 考核方法：首先由学生自评，然后由小组互评，最后教师综合评出小组成绩，在此基础上给出个人最终成绩。

拓展训练

【游戏名称】

生死电网。

【游戏介绍】

以营销策划团队为单位进行生死电网的拓展训练，用绳子结成一张（假设带有2万伏高压电的）电网，网格规则不一，有大有小。全班学生分成两队，要求所有队员在最短的时间内从电网的一侧穿越至另一侧，先完成者获胜。

【游戏目标】

1. 学生认识到"大家是一个班集体，应为班集体多做贡献"。

2. 学生学会对学习资源的合理分配和运用。

3. 学生通过身体接触，增进彼此间的情感交流。

【游戏规则】

1. 网的有效范围：4 条腊旗绳围成的四边形（上下左右演示）。

2. 参与者只能从没有系绳结的网洞中穿越。在穿越电网的过程中，任何人身体的任何部位及其附属物（衣服、鞋子、头发等）都不能触网。否则，正在穿越电网的人必须退回原处，或者全体队员做下蹲动作，第一次做 20 下，下次翻倍，直到全队学生通过为止。

3. 任何人不得绕过电网到另一侧帮忙，除非是已从网洞穿过去了的人。

4. 参与者不允许做空翻、鱼跃等危险动作，只能从规定的一个洞里过。

项目六
营销创新策划

项目导入

　　王创和张丽即将大学毕业，他们商定明年毕业后自主创业，在学校附近小区开设一家以绿色食品为特色的生鲜食品超市，并计划在未来增开 10 家连锁店。小王和小张的创业设想得到了学院、老师及同学在场地、专业和资金方面的大力支持。目前，他们面临的主要问题是如何进行创业项目策划；如何针对当前市场需求与业界变化，运用互联网思维，创新营销模式，实现自己的梦想。

项目分析

　　企业要想把握市场的主动权，在竞争中立于不败之地，就需要在营销策划中保持创新。本项目通过介绍新媒体营销策划、创业项目策划的实战案例和实务操作，使学生转变思维，抓住当下营销的机遇，进行营销手段的创新策划。

学习目标

知识目标

1. 认识新媒体营销策划的含义。

2. 掌握新媒体营销策划的内容和流程。

3. 掌握创业项目策划的内容和原则。

技能目标

1. 具有新媒体营销策划的设计能力。

2. 具有创业项目策划的选择能力。

3. 能为初创企业撰写创业项目计划书。

学习内容思维导图如图 6-1 所示。

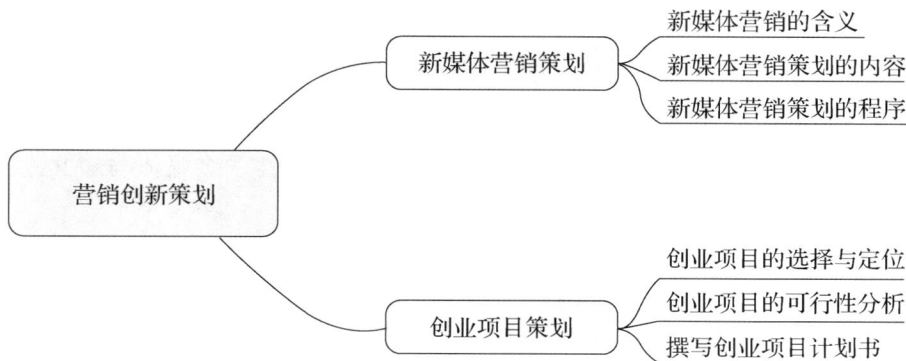

图 6-1　营销创新策划学习内容思维导图

任务一　新媒体营销策划

任务描述

新媒体营销已成为时下营销方式中必不可少的一种营销手段，新媒体营销策划成为许多企业关注的焦点。新媒体营销策划的核心就是结合项目的特征，给企业项目选择最合适的推广方法、运营策略、盈利模式。通过完成本任务，学生能够为企业开展新媒体营销的内容策划和活动策划，并撰写策划方案。

相关知识

一、新媒体营销的含义

随着科技的飞速发展，新媒体越来越受到人们的关注，关于新媒体的定义众说纷纭，到底什么是新媒体呢？

1. 新媒体的含义

新媒体是相对于传统媒体而言的，是报刊、广播、电视等传统媒体以后发展起来的新的媒体形态，是利用数字技术、网络技术、移动技术，通过互联网、无线通信网、有线网络等渠道及计算机、手机等终端，向用户提供信息和娱乐的传播形态和媒体形态。

我们对新媒体的理解，需要抓住要点——新媒体是建立在数字技术和网络技术等信息技术基础之上的。如果传统媒体开始利用信息技术改造自身的运营模式，那么这些传统媒体也可以变成新媒体。

新媒体的特征是具有交互性与即时性、海量性与共享性、多媒体与超文本、个性化与社群化。

实时互动

（1）新媒体和传统媒体相比有哪些优势？

（2）新媒体和自媒体的区别是什么？

2. 新媒体营销的含义

新媒体营销是整体营销战略中一个重要的组成部分。作为企业的一种经营管理手段，新媒体营销是企业开展商务活动过程中一个最基本、最重要的网上商业活动。新媒体营销是一种新的营销方式与营销手段，其内容相当丰富。

新媒体营销是指利用新媒体平台进行营销的方式。新媒体营销是以新媒体平台（微博、微信、知乎等）为传播和购买渠道，把相关产品的功能、价值等信息传送到目标受众的心里，使其记住和喜欢，从而实现品牌宣传、产品销售目的的营销方式。

现今较为热门的新媒体平台包括微博、微信、直播、短视频、知乎、今日头条等，其特点为用户基数大、信息及时性强、内容形式丰富、互动性强等。由于平台之间的技术差异及运营方式不同，通过各个平台做新媒体营销的技巧和策略也有所不同。

3. 新媒体营销的优势

新媒体营销与传统媒体营销相比有以下6个优势。

（1）新媒体营销让消费者自主选择。

（2）新媒体营销有效地降低了营销成本。

（3）新媒体营销提升了广告创意空间。

（4）新媒体营销引导用户创造产品，并分享利润。

（5）新媒体营销进行了更精准化的客户定位。

（6）新媒体营销拥有巨大的数据库。

实战训练

假如你是京东商城的营销主管，在 6 月 18 日这天你想让大家记得去参加京东大促销活动，应该选择通过下面哪个媒体投放广告？

（1）新浪、网易、搜狐、腾讯首页。

（2）某百万粉丝及微信大号。

（3）网易新闻客户端。

二、新媒体营销策划的内容

新媒体营销并非仅仅是根据平台规则开展营销活动，更不是简单地在新媒体平台上投放广告。它是一个系统工程，需要多个工作岗位共同配合完成。在策划新媒体营销活动时，需对各平台进行分析，找到适合企业自身的新媒体平台，根据平台的运营机制和规则，基于产品或品牌的推广需求和目标受众的喜好，策划满足推广目标需要的营销活动。

新媒体营销策划的内容主要包括以下几个方面。

1. 设定新媒体营销目标

对于任何媒体营销策略而言，起步都应是设定企业想要达到的目标。拥有目标可以让企业于新媒体之战中处于不利态势时快速做出反应。没有目标，企业就无法衡量营销成果，也无法表现出投资回报率。

营销目标与营销策略保持一致，这样企业在新媒体营销策划上所做的努力就会促使企业营销目标的完成。营销目标应不仅仅是关于"转发""点赞"之类的指数指标，而更应是销售额、人气度和网站流量这类高级指标。

2. 新媒体定位策划

在进行新媒体营销之前，我们首先要明确我们的核心产品是什么，产品的核心卖点是什么，资源有哪些，我们的产品为谁解决了什么问题。

当确立好产品卖点后，就要去寻找目标用户了，要解决他们可能出现在什么地方、年龄段是多少、他们的消费习惯是怎么样的等问题。

例如，你是卖奶粉的，可以这样写：某某奶粉 100%进口奶源，能更好地帮助 0～3 岁孩子脑部发育。既然产品是奶粉，那其消费者肯定是婴幼儿的父母们。可以去相关论坛寻找目标用户，然后对他们进行用户调查，调查目标用户的年龄段、平时给宝宝喝的是什么奶粉、原因是什么、他们是否愿意购买我们的产品等。通过用户调查，逐步创建目标用户的画像，目标用户的画像越清晰就越有利于我们后期的营销活动策划。

营销的主要目标就是找到用户，并达成交易。找到精准用户是能卖出产品的基础，想要让营销策划真正发挥作用，了解用户的真实需求并满足用户所需是成功的关键。企业可以通过微信等新媒体渠道和计算机网络的布局工作来打造品牌温度，快速培养用户对品牌的信任感，提升用户活跃度，让海量的精准用户主动找上门来。

3. 新媒体运营策划

新媒体运营策划就是企业通过研究用户心理，并结合用户心理和需求编写用户喜欢的内容，实现企业产品的推广，从而让用户对企业有持续的关注和信赖。

实时互动

如何创作出走心的新媒体内容？

走心的新媒体内容能通过精心设计的文字、图片、视频等打动用户，使用户自发地点赞、转发或直接下单。

设计走心的新媒体内容有 5 个步骤：渠道用户画像、用户场景拆解、用户痛点挖掘、解决方案描述及内容细节打磨。

新媒体活动运营指的是围绕企业目标而系统地开展一项或一系列活动，其完整流程包括阶段计划、目标分析、玩法设计、物料制作、活动预热、活动发布、过程执行、活动结束、后期发酵及效果评估，如图 6-2 所示。

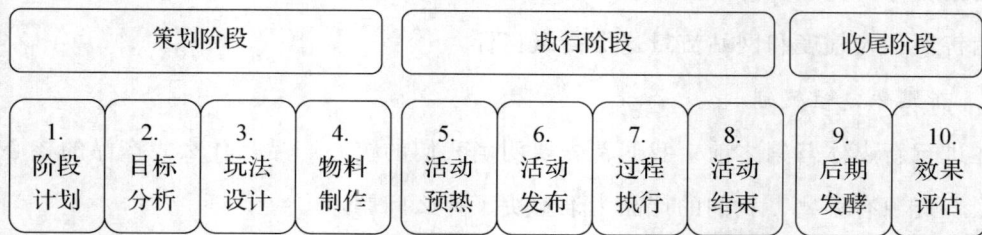

图 6-2　新媒体活动运营的完整流程

4. 新媒体内容规划

要想在新媒体上获得成功，好的内容至关重要。新媒体内容规划应包括内容定位、内容设计、内容传播三大要素。新媒体内容策划并不是简单地写一篇文章、录一段视频、做一张图片，而是要让更多的用户将内容打开、完整浏览并转发到朋友圈或转发给好友。因此，新媒体内容规划的关键点是设计传播模式，力争获得更广泛的传播。

新媒体营销计划应包含一份由内容创作战略、内容归结战略和编辑日程表共同组成的内容营销计划。编辑日程表中应该涵盖推送博客、Facebook、Twitter 的详细日期和时间，以及推送的内容。

5. 新媒体营销渠道的选择

新媒体营销渠道即新媒体营销平台，指的是用户获取信息的来源。新媒体营销渠道主要包括以下几种。

（1）微信。微信包括订阅号和服务号，针对已关注的粉丝形成一对多的推送，推送形式多样，包括文字、语音、图片、视频等。基于微信本身庞大的用户基础，微信的传播效果遥遥领先于其他渠道。

（2）微博。微博较微信更为开放，互动更加直接，推送不受数量和时间的限制，形式多样，并且因其开放性而容易造成爆炸式的传播效果。

（3）社交网站。社交网站包括天涯、豆瓣、人人等社区，这些网站有其对应的用户群体，网站内部也有多种玩法，如豆瓣日志、豆列、小组等，也具有良好的传播效果。

（4）问答平台。问答平台以这几年发展红火的知乎、分答等平台为主，这些平台重视内容本身，在站外搜索引擎上的权重较高，常形成用户分享信息的发源地。

（5）视频网站。视频网站以"哔哩哔哩弹幕视频网"腾讯视频等为代表，品牌可以直达用户，更好地与传播内容相融合，并且可以通过弹幕等方式及时获取用户反馈。

（6）短视频平台。短视频平台以美拍、秒拍、快手等为代表，符合受众的大脑接受和移动端使用习惯，在视频移动化、资讯视频化和视频社交化的趋势带动下，短视频营销正在成为新的品牌营销风口。

传统企业转型新媒体平台有两种模式：一种是自建；另一种是投放。对于很多传统企业而言，首先要明确新媒体运营的目的。传统企业运营新媒体，目的基本上不外乎 3 种，即品牌推广、产品销售、客户服务。如果是出于前两种目的，则自建和投放都需要维护；如果是为了客户服务，当然只能考虑自建新媒体平台。适合企业自建的新媒体平台如表 6-1 所示。

表 6-1　　　　　　　　　　　　适合企业自建的新媒体平台

运营目的	简介
品牌推广	官方网站（包括移动版官方网站）、官方微博
产品销售	官方微店（包括淘宝、京东、微信商城等）
客户服务	官方微信、官方论坛、邮件

6. 新媒体营销方式的运用

新媒体营销的方式是指新媒体内容在各渠道呈现的形式，主要包括文字、图片、视频等。下面结合具体案例进行解释。

（1）文字：文字是最为常见的内容呈现形式，如加多宝凉茶在输掉与广药集团的官司后，发布了一组微博图片，配文为"对不起"，将败诉转变为成功的营销事件。

（2）图片：以会被转载的图片做广告，这种直观的视觉方式能让读者在瞬间记住图片所要宣传的产品或思想，如化妆品品牌百雀羚在其微信公众号上发布的"一九三一"长图广告，贴合了手机端用户的使用习惯，形成了刷屏的效果。

（3）音频：用音频进行营销，不需要占用双眼，即可以实现"伴随式"的营销，如2016 年天猫"双 11"与上海彩虹合唱团合作，推出了"我就是这么诚实"这首推广歌曲，歌词切中痛点，开启了"双 11"的音频营销。

（4）视频：现在利用视频这种生动的方式进行营销越来越常见，包括电视广告、网络视频、宣传片、微电影等各种方式，如美国 Blendtec 公司为宣传自家的搅拌机，以一位老先生将各种稀奇古怪的食物扔进搅拌机为主题，拍了一系列视频，最终大获全胜。

（5）H5 动态页面：这是近年来兴起的一种营销方式，利用各种创意设计进行营销，因为形式多样，往往能起到良好的传播效果，如支付宝推出的"支付宝十年账单"H5页面，甚至脱离了支付宝软件本身，在微博、微信朋友圈形成了刷屏效果。

实战训练

如果你是一家超市的新媒体负责人，本周六超市进行"全场满 100 元立减 5 元"的活动，并已经设计出相关的海报，邀请顾客帮忙转发。请为本次活动撰写转发语。

7．新媒体营销策略策划

（1）病毒式营销。病毒式营销就是利用大众的积极性和人际网络，让营销信息像病毒一样进行传播和扩散。其特点就是快速复制、广泛传播并能深入人心。病毒式营销可以说是新媒体营销最常用的网络营销手段，经常用于产品、服务的推广。

（2）事件营销。事件营销就是利用有新闻价值、社会影响及名人效应的人物或事件，通过策划、组织等技巧来引起媒体、消费者的兴趣和关注，从而提高企业产品、服务的认知度和美誉度，为品牌的建立树立良好的形象。

（3）口碑营销。在这个信息爆炸、媒体泛滥、资讯快速更替的时代，消费者对广告、新闻等资讯都具有极强的免疫力。要想引起大众的关注与讨论就需要创造新颖的口碑传播内容。随着营销手段的不断发展和完善，营销内容越来越五花八门，能够经营好口碑营销，成为很多企业营销的最终目的和价值标准。

（4）饥饿营销。饥饿营销可以有效促进产品销售，并为未来大量销售奠定客户基础，同时也使品牌在未来产生高额的附加价值，从而为品牌树立起高价值的形象。但是运用饥饿营销，也需要视情况而定，并不是每个企业都能随便运用。在市场竞争不充分、消费者心态不够成熟、产品综合竞争力和不可替代性较强的情况下，饥饿营销才能较好地发挥。

（5）知识营销。知识营销就是通过有效的传播方式和合适的传播渠道，将企业所拥有的对用户有价值的知识传递给潜在用户，包括产品知识、专业研究成果、经营理念、管理思想和优秀的企业文化等。知识营销最基本的核心点就是要让用户在消费的同时学到新的知识。

（6）互动营销。新媒体相较于传统媒体，最大的特点就是互动。新媒体可以拉近企业和消费者之间的距离，产生强烈的互动。互动营销最大的好处就是可以促进消费者重复购买，有效地支撑销售，了解消费者的真正痛点，提升客户的忠诚度，实现顾客利益最大化。

三、新媒体营销策划的程序

新媒体营销策划就是通过对项目的各个环节进行专业的诊断分析，找出问题，结合项目自身给出新媒体营销最合适的执行方案，快速提升效果。新媒体营销策划包括以下 7 个程序。

1. 数据分析

企业通过大数据分析了解自己所在行业的竞争状况，然后对自己进行重新定位，提升竞争力，扩大市场。

2. 精准定位

企业通过大数据分析，调查全国特定区域的市场需求和竞争度，为自己的产品或服务找出最容易成功的定位，然后提炼产品和服务的独特卖点，让自己的产品和服务受到消费者欢迎。

3. 找到用户

拥有精准用户是企业能卖出产品的基础。企业可以通过微信等新媒体渠道和计算机网络的布局，低成本地让海量精准用户主动找上门来。

4. 养熟策略

俗话说："无信任，不成交。"企业通过一系列方法，打造品牌的温度，快速培养用户的信任感，提升用户的活跃度。

5. 成交策略

企业通过产品卖点的提炼、价值的塑造、包装的更新、成交主张及流程的优化，让用户对该产品产生购买欲。

6. 裂变策略

企业通过一系列巧妙的设计，在低成本的情况下，使项目的影响扩大。

7. 模式放大

项目做到一定程度时，遭遇瓶颈是再正常不过的事情，突破的方式就是坚持和放大。如果企业能坚持原有的理念，放大营销策略，那么，到达最终的胜利也就不远了。

任务实施

【实训目的】

通过实训，学生深入理解新媒体营销策划的含义，明确新媒体营销策划的内容和方法，掌握新媒体营销策划的品牌推广技巧。

【实训内容】

1. 依据背景资料，进行案例分析。

2. 实训结束后，学生以小组为单位，撰写实训报告。实训报告要格式规范、内容完整、结构合理、层次分明、分析正确、策略得当。

【背景资料】

"三只松鼠"如何将口碑做到极致

"三只松鼠"于2012年创立，2016年完成商品销售额44亿元，实现利润2.37亿元，在短短不到4年的时间，创造了一个不小的商业神话。

"三只松鼠"爆发式的增长靠的是口碑的裂变——在消费者中通过极致体验建立口碑，并通过社交化媒体建立网络口碑。其核心是推己及人——站在消费者的角度，思考需求；利用主人文化，将弱关系变为强关系。

1. 聚焦目标消费者：年轻且时尚的消费者、女性消费者

"三只松鼠"聚焦的目标消费者画像的特点是女性为主、年轻一族、白领、讲究健康品质生活的人、互联网用户、崇尚"慢食生活"的人。

这部分消费者是"三只松鼠"的主力消费群体。他们的生活已基本互联网化，购物已大部分习惯于线上，消费行为过程已由传统线下的"知道—兴趣—欲望—购买"转变为互联网的"搜索—甄别—体验—购买—评价—分享"。新社群、新媒体对这些消费群体产生了主要影响；重视体验是这些消费群体的重要需求。

2. 把握两大核心：品质、情感

在产品富余的时代，消费者并不担心如何获得想要的产品，而更需要获得个性化的产品。"三只松鼠"的产品并不是市场上稀缺的，年轻的消费者看中的是产品的质量与个性化。

情感营销是在当前环境下需要企业特别关注的一种理念与方法。这是互联网环境下市场营销的新特点。在新的互联网环境下，没有与消费者进行直接连接、实时在线的情感交流的品牌不会是一个真正的品牌。

3. 建立极致口碑

（1）深入人性：售卖流行文化和人文关怀。在这种理念之下，"三只松鼠"成立了安徽松鼠萌工场动漫文化有限公司，希望可以以三只松鼠为主人公创作出互联网动画片、动漫集、儿童图书等。

（2）在所有细节上超越客户期望。消费者在购物之后，往往会通过社交媒体如微信朋友圈分享自己的购物体验，通常称之为"晒"。在这样一个消费者为王的时代，网络口碑将在品牌建设中起到重要作用。

资料来源：搜狐网

【实训步骤】

1. 学生认真阅读背景资料。

2. 学生分析"三只松鼠"如何将口碑做到极致？列出"三只松鼠"新媒体营销策划的内容及运用的方法。

3. 学生进行一次头脑风暴，分析互联网应用类营销推广中哪个平台是营销主平台。

4. 学生汇总大家的意见，完成小组实训报告。

【实训考核】

1. 考核内容：实训报告的质量、团队合作的能力和实训完成的时间。

2. 考核方法：首先由学生自评，然后由小组互评，最后教师综合评出小组成绩，在此基础上给出个人最终成绩。

任务二　创业项目策划

任务描述

目前，我国持续将创新创业摆在经济发展的核心位置，尤其是大学生创新创业热潮持续高涨。通过完成本任务，学生能够进行创业项目策划，能够为初创企业撰写创业项目计划书。

相关知识

一、创业项目的选择与定位

1. 创业项目的含义与分类

创业是创业者对自己拥有的资源或通过努力能够拥有的资源进行优化整合，从而创造出更大的经济或社会价值的过程。创业是人们发现了某个商机并以实际行动转化为具体的社会形态，获得利益，实现价值的过程。

创业项目是指创业者为了达到商业目的具体实施和操作的工作，其分类如下。

（1）从观念上看，创业项目分为传统创业、新兴创业及最新兴起的微创业。

（2）从方法上看，创业项目分为实业创业和网络创业。

（3）从投资上看，创业项目分为无本创业、小本创业、微创业等。

（4）从方式上看，创业项目分为自主创业、加盟创业、体验式培训创业和创业方案指导创业。

自主创业需要资金链、人员、场地、产品等多项内容的系统规划，创业起步较高，风险较大。加盟创业比较普遍，而且比较专业，具有规模化的特点；但同时，创业者也需要从资金和经验方面考虑，客观地选择加盟项目。体验式培训创业类似于一个创业模拟，从中可以领略创业经验。

2. 创业项目的选择与定位

如何选择创业项目？如何撰写创业项目计划书？这是大学生创业首先要思考的问题。

一般来说，大学生创业者既要客观地分析自身的创业条件，又要冷静地分析创业环境，立足于技术项目，尽量选择技术含量高、自主知识产权明确的项目，并在技术创新的基础上做好产品市场化工作。在选择过程中切忌盲目跟风，而且一定要选择自己最熟悉、最擅长、最有经验、资源最丰富的行业来做。

创业项目的选择原则有以下 3 点。

（1）产品或服务技术含量高，服务有独特之处。

（2）创意独特，能满足消费者的某种需求。

（3）符合未来发展趋势，有国家政策支持，是国家发展战略中所关注的。

二、创业项目的可行性分析

可行性分析是创业项目的灵魂，没有可行性分析，项目就无法正常运行。创业项目的可行性分析主要包括以下内容。

1. 行业分析

行业分析是指创业者分析自己的产品或提供的服务在行业领域中的发展状况，即从整体层面上看，它是属于朝阳行业还是夕阳行业，是新兴行业还是传统行业，现在处于行业领域的发展初期、发展增长期、发展成熟期还是发展衰落期，因为创业者必须要确定自己的产品或提供的服务是有发展前景的。同时，创业者要预估其市场容量，否则即使现在经营得再好，也不过是昙花一现，终将被时代抛弃，被历史的车轮碾压成时代的炮灰。

2. 营销环境分析

（1）国家政策分析。现在是全民创业时代，国家正在加大各种力度支持个人自主创业，包括提供各种场地支持、优惠的创业政策、优惠的税收政策等。我们在选择自主创业的时候要最大限度地得到国家政府的支持，积极与地方政府进行沟通，减少行政上的发展阻力。

（2）竞争对手或竞品分析。创业者要分析自己所在的区域市场内存在哪些竞争对手，有哪些竞品，用户对竞争对手的口碑如何，用户对竞品的评价如何及还需要做哪些改善等。因为只有详细了解了竞争对手的发展态势，了解了竞品的市场销售状况，才能更好地制订市场发展策略，实行差异化竞争，赢取更大的市场份额。

3．内部因素分析

（1）团队建设。创业者要分析团队建设是否合理高效，有多少人参与创业项目，固定或兼职员工数量多少，各个重要岗位的员工是否可以独当一面，员工数量是否足够，员工素质如何，通过什么方式凝聚人心，团队氛围如何，希望打造一种什么样的团队文化等。

（2）资金预算。要分析项目启动资金是否充足，有多少钱现在可以使用，有多少钱将来可以使用，如何进行融资，什么时候进行融资，能筹集到多少资金，不融资可以存活多久，不融资是否可以做到自负盈亏，前期投入成本多少，投入产出比例多少且是否合理等。

（3）产品服务。创业者要分析产品或者服务的核心卖点是什么，核心竞争力是什么，差异化竞争策略下自己的优势在哪里，是否不可替代，竞品与之相比如何等。

（4）用户需求。创业者要分析用户的痛点是什么，用户是否有这个需求，该需求是真需求还是伪需求、是急性需求还是缓性需求、是弹性需求还是刚性需求，有没有替代性产品，现阶段用户使用该产品的体验如何，最渴望改善的是哪方面等。

（5）目标受众。创业者要分析产品或者服务的目标受众群体有哪些，是否有垂直对应的消费人群，消费地点和场所在哪里，用户在什么场景下会使用该产品或者服务，消费频次的高低，决策难度的大小，替代品对其决策的影响力大小，用户为使用该产品或者服务愿意付出的时间金钱成本是多少，如何获取第一批忠实的种子用户，获取的用户是否真实有效，对于目标受众的年龄、性别、地域、喜好、习惯、消费水平、受教育水平等有没有进行分类汇总分析等。

（6）商业模式。创业者要分析是否在项目一开始就有清晰、明确的商业模式，怎样获取利润，获取利润的方式对用户有什么影响，多长时间可以开始盈利，多久不盈利仍然可以维持日常运营等。

（7）技术实现。创业者要分析技术上是否可以实现，有没有技术方面的人才可以用，技术研发成本的高低，维护成本的高低，是否需要借助外援或者技术服务外包等。

（8）市场切入。创业者要分析整体性和区域性市场规模量化可以达到多少，年增长率多少，现在市场发展状况如何，未来发展前景如何，现在进入市场的难度如何，如何找寻合理的市场切入点等。

（9）薪酬制度。创业者要分析固定工资、各种福利补贴、合伙人股权期权激励、提成比例等。合理分配薪酬体系有利于维护创业团队成员之间的稳定，有利于团队最大限度地凝聚力量进行创业。

（10）创业目标。创业者要分析创业的总体性目标是什么，阶段性目标是什么，总体性目标和阶段性目标能不能被量化，有没有关键指标可以衡量创业项目的发展状况，有没有其他系列性指标可以衡量相关活动成效，有没有进行数据的回收与反馈设置以利于后续调整优化等。

三、撰写创业计划书

1. 什么是创业计划书

创业计划书是按照国际通用的标准文本格式写成的项目建议书，是全面介绍公司和项目运作情况，阐述产品市场及竞争、风险等未来发展前景和融资要求的书面材料。创业计划书是一份全方位的商业计划，其主要用途是递交给投资商，以便于他们能对企业或项目做出评判，从而使企业获得融资。

创业计划书有相对固定的格式，它几乎能反映投资商所有感兴趣的内容。创业计划书的好坏，往往决定了投资交易的成败。对初创的风险企业来说，创业计划书的作用尤为重要。当选定了创业目标，有了确定创业的动机后，在资金、人脉、市场等各方面的条件都已准备妥当或已累积了相当实力，这时，就必须提供一份完整的创业计划书。可以说，创业计划书是整个创业过程的灵魂。

营销视野

创业带给人类翻天覆地的变化，尤其是大学生创新创业。正如创业大师拉里·法雷尔所说："发展创业型经济是打赢 21 世纪这场全球经济战争的关键。"创业教育就是在这一社会经济背景下产生和发展起来的。创业教育正式进入高校教育是从 1947 年哈佛大学商学院教授迈尔斯·梅斯针对学校 MBA 学员开设创业课程开始的。而今，创业教育已成为世界高等教育发展的新趋势，是继学术教育、职业教育之后大学生进入社会的第 3 本"教育护照"。

2. 创业计划书的内容

（1）计划摘要。计划摘要列在创业计划书的最前面，它是浓缩了的创业计划书的精华。计划摘要涵盖了计划的要点，以求一目了然，以便读者能在最短的时间内评审计划并做出判断。

计划摘要一般包括以下内容：公司介绍、主要产品和业务范围、市场概貌、营销策略、销售计划、生产管理计划、管理者及其组织、财务计划、资金需求状况等。

（2）产品（服务）介绍。在进行投资项目评估时，投资人最关心的问题之一就是风险企业的产品、技术或服务能否以及能在多大程度上解决现实生活中的问题，或者是风险企业的产品（服务）能否帮助顾客节约开支、增加收入。因此，产品介绍是创业计划书中必不可少的一项重要内容。

通常，产品介绍应包括以下内容：产品的概念、性能及特性；主要产品介绍；产品的市场竞争力；产品的研究和开发过程；发展新产品的计划和成本分析；产品的市场前景预测；产品的品牌和专利。

（3）人员及组织结构。有了产品之后，创业者第二步要做的就是组成一支有战斗力的管理队伍。企业管理得好坏，直接决定了企业经营风险的大小。而高素质的管理人员和良好的组织结构则是管理好企业的重要保证。因此，风险投资家会特别注重对管理队伍的评估。

（4）市场预测。在创业计划书中，市场预测应包括以下内容：市场现状综述；竞争厂商概览；目标顾客和目标市场；本企业产品的市场地位；市场区隔和特征等。创业计划书要给投资者提供企业对目标市场的深入分析和理解，同时对竞争对手进行细致的分析，明确竞争对手都是谁、他们的产品如何、他们采用的营销策略是什么等。创业计划书要使它的读者相信，本企业不仅是行业中的有力竞争者，而且将来还会是确定行业标准的领先者。

（5）营销策略。营销是企业经营中最富挑战性的环节，影响营销策略的主要因素有：消费者的特点、产品的特性、企业自身的状况、市场环境方面的因素。最终影响营销策略的则是营销成本和营销效益因素。

在创业计划书中，营销策略应包括以下内容：市场机构和营销渠道的选择；营销队伍和管理；促销计划和广告策略；价格决策。

（6）制造计划。创业计划书中的生产制造计划应包括以下内容：产品制造和技术设备现状；新产品投产计划；技术提升和设备更新的要求；质量控制和质量改进计划。

（7）财务规划。财务规划一般要包括以下内容：创业计划书的条件假设；预计的资产负债表；预计的损益表；现金收支分析；资金的来源和使用。一份好的财务规划对评估风险企业所需的资金数额、提高风险企业取得资金的可能性十分关键。

3．如何撰写创业计划书

一份好的创业计划书包括附录在内一般 20～40 页，过于冗长的创业计划书反而会让人失去耐心。整个创业计划书的写作是一个循序渐进的过程，可以分为以下 5 个阶段完成。

第 1 个阶段：创业计划构想细化。初步提出计划的构想。

第 2 个阶段：市场调查。与行业内的企业和专业人士进行接触，了解整个行业的市场状况，如产品价格、销售渠道、客户分布及市场发展变化的趋势等因素。可以自行进行一些问卷调查，在必要时也可以求助于市场调查公司。

第 3 个阶段：竞争者调查。确定潜在竞争对手并分析本行业的竞争方向、分销问题、形成战略伙伴的可能性、潜在盟友等，准备一份 1～2 页的竞争者调查小结。

第 4 个阶段：财务分析，包括对公司的价值评估，必须保证所有的可能性都考虑到了。财务分析量化本公司的收入目标和公司战略，要求详细而精确地考虑实现公司所需的资金。

第 5 个阶段：创业计划书的撰写与修改。根据所收集到的信息制定公司未来的发展战略，把相关的信息按照上面的结构进行调整，完成整个商业计划的写作。在计划完成以后仍然可以进一步论证计划的可行性，并根据信息的积累和市场的变化不断完善整个计划。

任务实施

【实训目的】

通过实训，学生了解如何创业、如何进行创业项目的选择与定位、如何进行创业项目可行性分析；同时，让学生掌握创业计划书的编写方法，并形成个人的创业计划文档。

【实训内容】

为初创企业撰写创业计划书。

1. 创业项目的选择与定位。

2. 创业项目的可行性分析。

3. 创业计划书的编制。

4. 创业方案的陈述与答辩。

【实训步骤】

1. 学生以营销策划小组为单位选择创业项目。

2. 学生确定目标市场，进行环境分析、市场分析、竞争分析。

3. 学生创业项目的选址。

4. 学生明确财务需求与运用。

5. 学生制订市场营销策略。

6. 学生撰写创业项目计划书。

7. 学生创业方案的陈述与答辩。

【实训考核】

1. 考核内容：实训报告的质量、团队合作的能力和实训完成的时间。

2. 考核方法：首先由学生自评，然后由小组互评，最后教师综合评出小组成绩，在此基础上给出个人最终成绩。

项目小结

营销创新策划是指企业用新观念、新技术和新方法对企业营销活动（目标市场、定位、产品、价格、分销、促销等）的战略与策略组合进行重新设计、选择、实施与评价，以促进企业市场竞争力不断提高的方案与措施。本项目通过专题讨论与案例分析引导学生理解企业营销策划的核心本质在于创新；通过新媒体营销策划和创业项目策划的模拟演练，使学生进一步把握营销创新策划的本质，进而能在营销策划中不断创新、不断发展。

自我检测

一、单选题

1. 下列属于新媒体的是（　　　）。

    A. 电视　　　　　　　　　　B. 手机媒体

    C. 广播　　　　　　　　　　D. 报刊

2. 不是新媒体载体的是（　　　）。

    A. 纯文本　　　　　　　　　B. 条漫

    C. 微信　　　　　　　　　　D. 直播

3. 下列不是创业计划书编写原则的是（　　　）。

    A. 市场导向原则　　　　　　B. 文字精练

    C. 深入专业　　　　　　　　D. 通俗易懂

二、多选题

1. 新媒体营销方式由（　　　）组成。

    A. 新媒体营销主体　　　　　B. 新媒体营销渠道

    C. 新媒体营销载体　　　　　D. 新媒体营销模式

2. 社交媒体平台的作用是（　　　）。

    A. 传播　　　　　　　　　　B. 分享

    C. 互动　　　　　　　　　　D. 营销推广

3. 创业资源包括（　　　）要素。

    A. 技术　　　　　　　　　　B. 渠道

    C. 客户　　　　　　　　　　D. 员工

三、简答题

1. 什么是新媒体营销？新媒体营销与传统营销相比有哪些优势？

2. 新媒体营销策划都有哪些内容？

3. 如何进行创业项目可行性分析？

技能训练

创办特殊服务。

【实训目的】

通过实训，学生培养创新精神、创新思维和创新方法；主动地适应环境，具备应付紧急或突发事件的能力。

【实训内容】

1. 服务创意策划。

2. 营销创新策划。

【实训步骤】

1. 学生以营销策划小组为单位进行创办特殊服务策划。

2. 学生了解一些特殊服务的例子，如智利的梦幻酒店、跟踪全程的婚恋服务等，感受创新的实际意义。

3. 学生以营销策划小组为单位提出创新的服务项目，并列出基本方案，明确"新"在哪里，同时设计出难以应付的服务环节。

4. 学生以营销策划小组为单位上交创新设计方案，以角色扮演的形式为顾客提供至少一项特殊服务，体现服务方式的创新与应变能力。

5. 学生进行小组间的交流与评价，由教师与学生对各组项目及实际运行情况进行评估打分，在此基础上做出全班评价。

【实训考核】

1. 考核内容：特殊服务策划方案的质量、团队合作的能力和实训完成的时间。

2. 考核方法：首先由学生自评，然后由小组互评，最后教师综合评出小组成绩，在此基础上给出个人最终成绩。

拓展训练

【游戏名称】

玩具公司。

【游戏目标】

创新思维的训练。

【游戏介绍】

以营销策划团队为单位进行玩具公司的拓展训练。

1. 假设每个团队就是一家玩具公司，团队任务就是设计出一个新的玩具，该玩具可以是任何类型、针对任何年龄段，唯一要求就是要有新意。

2. 时间限定在 10 分钟以内，然后每个团队推选一名代表，对他们设计的玩具进行详尽的介绍，介绍内容包括玩具的名称、针对人群、卖点、广告和预算等。

3. 每个团队做完介绍之后，教师让大家评判出最好的团队，即以最低的成本做出最好创意的团队；另外，也可以颁发一些单项奖，如"最炫的名字""最动人的广告创意""花钱最多的玩具"等。

【相关讨论】

1. 什么样的创意会让你觉得眼前一亮？怎样才能想出这些好创意？

2. 时间的限制对你们想出好的创意是否有影响？

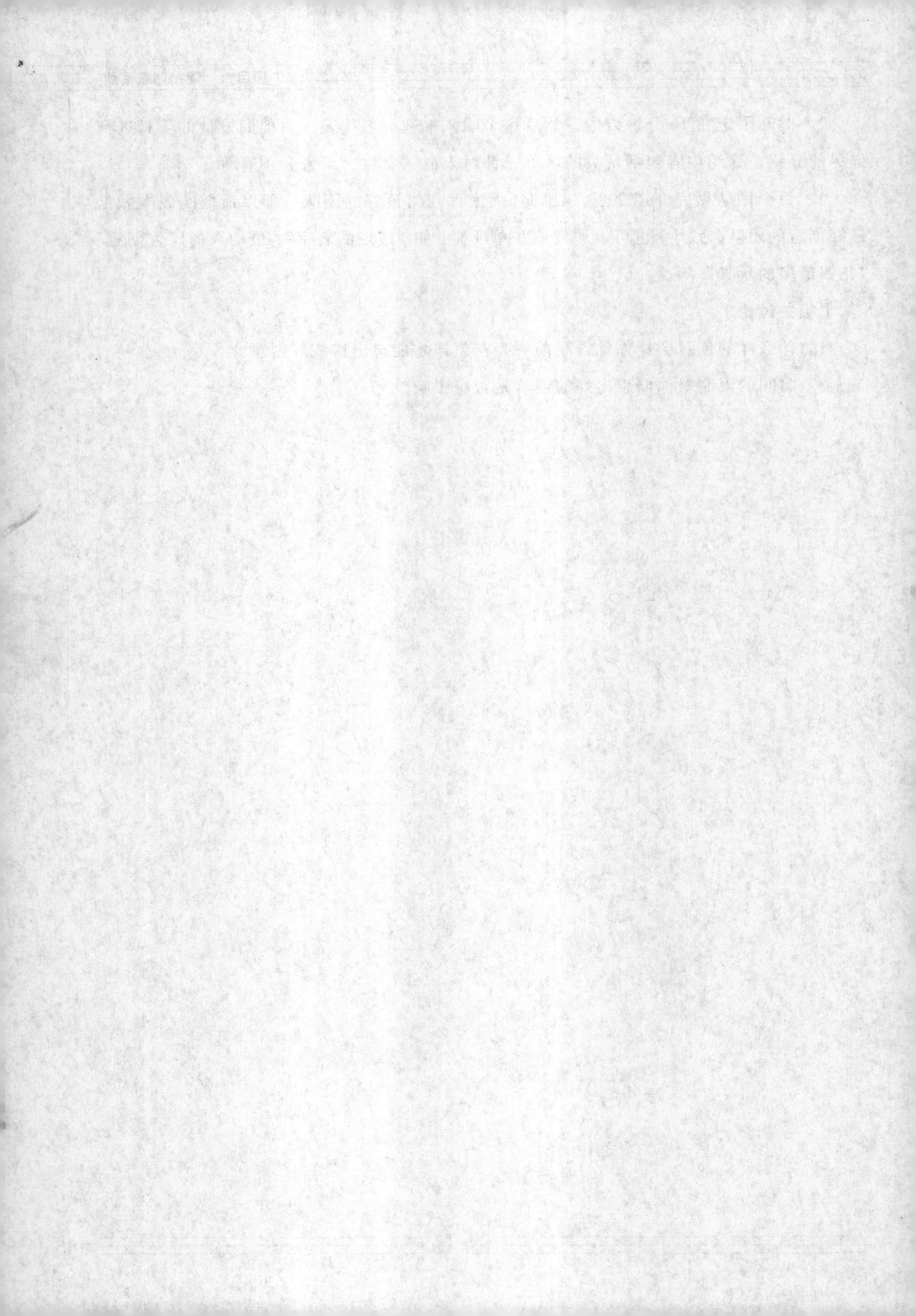